Cornelia Ertmer, Anne-Kathrin Koppetsch &
Bianca Lorenz

Glücksorte
am
Hellweg

Fahr hin & werd glücklich

Dieses
Glücksbuch
ist für

Liebe Glücksuchende,

wer hätte gedacht, dass wir an einer mittelalterlichen Handelsroute so viel Glück finden? Wir sind den Westfälischen Hellweg abgewandert und abgefahren, zu Fuß, mit dem Rad, der Bahn und dem E-Auto. Zwischen Dortmund und Corvey, zwischen Haarstrang und Lippe entdeckten wir Steinbrüche, verborgene Quellen, maritime Häfen und hohe Halden. Wir spazierten durch die Lippeauen, fuhren Kanu und campten am Reggaestrand. Kunstvolles Licht im Dunkeln haben wir erblickt, Salzluft im Gradierwerk erschnuppert, Süßes und Deftiges verkostet, vorzugsweise in Fachwerkmauern. Die Kulturvielfalt genossen wir in zahlreichen Ateliers, beim Cellokonzert, auf einer 500 Jahre alten Kirchenorgel, beim Krimifestival „Mord am Hellweg". Familienfreundlich ist der Hellweg. Hier gibt es Freizeitangebote für Groß und Klein: ob im Maximilianpark, beim Segelfliegen oder auf dem Sternschnuppenhof. Ein Landstrich für Neugierige: unaufdringlich, vielseitig, westfälisch.
Also: Nichts wie hin, am besten mit der ganzen Familie.

Bianca Lorenz, Cornelia Ertmer,
Anne-Kathrin Koppetsch

GLÜCK

Deine Glücksorte ...

...noch mehr Glück für dich

Frische, direkt vom Feld

Hof Mertin in Dortmund-Grevel

Es ist ein herrlicher Ausflug, durch den ländlichen Dortmunder Nordosten zu fahren: grüne Felder, weiter Blick, die pure Entschleunigung. Wenn man die Landmarke Lanstroper Ei sieht, ist der Hof Mertin ganz nah. Ein typisch westfälischer Hof, rotes Backsteinhaus mit grünen Fensterläden, ein adrettes Gärtchen davor und Apfelbäume rundherum.

Wer hier ankommt, freut sich über den schmucken Hof samt schnuckeligem Hofladen. Je nach Saison stehen vor dem Laden Obstkisten mit knackigen Äpfeln und Blumendekoration zum Verkauf. Drinnen erwartet uns ein feines Angebot an Leckereien und freundliche Verkäuferinnen. Neben feldfrischem Obst und Gemüse lockt am Wochenende frisch gebackenes Brot. Für auf die Stulle gibt es Wurst- und Käsespezialitäten wie auch Vegetarisches. Zartes Huhn und Fleisch warten auf die Grillmeisterinnen und -meister. Vieles stammt vom eigenen Hof und von regionalen Hofbetrieben. Jedes Produkt wird mit Sorgfalt für die Kunden ausgesucht. Nur was Familie Mertin schmeckt, darf in die Regale. Hier findet man immer etwas Köstliches für sich oder auch als Geschenk.

TIPP

Im Spätsommer kann ein rätselhaftes Maislabyrinth erforscht werden.

Falls Mama etwas länger im Laden bleibt, gibt es draußen für die Jüngsten tolle Spielgeräte. Wer es zur Öffnungszeit nicht schafft, findet Etliches im Automaten vor dem Lädchen.

Der Höhepunkt im Jahr ist die Erdbeerzeit. Familie Mertin hat sich auf den Anbau der köstlichen roten Früchtchen spezialisiert. Sehr beliebt sind im Sommer die Selbstpflückfelder. Viele Familien unternehmen einen Ausflug, um ihre Ernte selbst einzubringen. Auch Himbeeren, Äpfel und Bohnen darf man selber pflücken. Ein großer Spaß für Kinder. Hier sehen viele zum ersten Mal, wo ihr Essen herkommt.

Den Hof gibt es bereits seit dem 14. Jahrhundert. Kristina und Friedrich Mertin führen den Familienbetrieb mit viel Leidenschaft weiter. Während der Chef auch noch erfolgreich technische Innovationen austüftelt, sorgt die kreative Chefin für neue Attraktionen, wie die Hüpfburg im Maisfeld. So viel Engagement schafft glückliche Stammkunden.

● Hof Mertin, Bönninghauser Straße 5, 44329 Dortmund, Tel. (02 31) 23 12 36
www.hof-mertin.de
● ÖPNV: ab Dortmund Bahnhof U423, Haltestelle Am Brandhof, ca. 10 Min. Fußweg

Alles so erleuchtet hier!

Das Zentrum für Internationale Lichtkunst in Unna

Wer das Lichtkunstmuseum in Unna erkunden will, muss tief hinabsteigen in den Keller. 10 Meter unter der Erde kann man in den Räumen der ehemaligen Lindenbrauerei eine ganz besondere Ausstellung entdecken. Es erwartet sie ein Spiel von Licht und Schatten, Farbe und Bewegung. Buchstaben ergeben Wörter, oder sie umtanzen eine Discokugel wie bei der Installation „Space-Speech-Speed". Scheinbar planlos wabern Zeichen durch den Raum, reflektiert von Spiegelkugeln, und flimmern über die Wände. Hier wird ständig mit der Wahrnehmung der Eintretenden gespielt, sie wird verändert, erweitert. Die Künstlerin Christina Kubisch hat beispielsweise Gärbecken in Klangfelder verwandelt. Obertongesänge schaffen im Raum der Installation „Lotusschatten" eine meditative Atmosphäre. Eine besondere Attraktion zum 20-jährigen Bestehen des Museums kreierte ein Künstlerquartett mit einem begehbaren Wald aus Tausenden von Gummibändern. Darauf wird eine Landschaft projiziert.

Manches regt zum Nachdenken an: Christian Boltanski erinnert mit seinem „Totentanz" an den Holocaust. Scherenschnitte bewegen sich vor Lichtquellen, suggerieren mit ihren Schatten einen unheimlichen Tanz; der 2021 verstorbene Künstler hatte jüdische Wurzeln.

Ein Höhepunkt des Museums erwartet die Besucher zum Schluss: Sie durchschreiten einen Gang zwischen Wänden, an denen Wasser hinunterzustürzen scheint. Diese „Wasserfälle" werden durch zuckendes Stroboskoplicht scheinbar „unterbrochen" – eine interessante optische Täuschung.

„Licht" ist eines der zentralen Themen der Kulturregion Hellweg. Unnas Zentrum für Internationale Lichtkunst ist weltweit einzigartig. Es bildet den Ausgangspunkt dieser erleuchteten Reise. Weithin sichtbar ist der Schornstein der ehemaligen Lindenbrauerei mit den Neonzahlen. Vom „Platz der Kulturen" zieht sich mit der Installation „Third Breath" von James Turrell eine weitere Lichtspur in die Region. Unbedingt vorher eine Führung buchen!

TIPP

In der Lindenbrauerei gibt es auch Partys und Konzerte.

- Zentrum für Internationale Lichtkunst e.V., Lindenplatz 1, 59423 Unna, Tel. (0 23 03) 10 37 51, www.lichtkunst-unna.de
- ÖPNV: ab Unna Bahnhof Bus C 40/C 42, Haltestelle Lindenbrauerei oder vom Bahnhof ca. 15 Min. Fußweg

Von zart bis zackig

3

Mythos Stein im Steinbruch Dyckerhoff bei Geseke

Der Kontrast könnte nicht größer sein. Hier das filigrane, von Rückert besungene nachtbethaute Tausendschön, da die scharfkantigen, gezackten, bis 30 Meter hohen Steinwände. Was macht die Natur mit einer Landschaft, die der Mensch, wie der Biologe Markus Raker es formuliert, „auf links" gedreht hat? Sie passt sich an. Auf den etwa 7 Hektar, die der Betreiber des Steinbruchs der Naturschutz-Stiftung Geseke zur Renaturierung überlassen hat, haben sich auf dem Kalkmagerrasen über 250 Pflanzenarten, auch bedrohte, angesiedelt. Wer kennt zum Beispiel den Fransenenzian? Neuntöter und Nachtigall trällern ihre Lieder, Turteltauben und Uhus nisten in den Steilwänden. Geburtshelferkröte und Kammmolch, der Hauhechelbläuling und Insekten aller Art fühlen sich hier wohl. Damit das wuchernde Buschwerk von Hagebutte, Weißdorn und Birke nicht überhandnimmt, beweiden im Sommer Schaf- und Ziegenherden das idyllische Biotop.

Atemberaubend ist der Blick von oben auf Steinwände und Grundwassersee. Vor der fernen Silhouette der Beckumer Kalkwerke wirkt der Naturpark mit den steinernen Stelen und Quadern der Künstlerin Renate Geschke besonders bei Sonnenuntergang fast mystisch – Erinnerung an Kultstätten der Jungsteinzeit.

Aufgestellte Tafeln informieren interessierte Naturliebhaber über die Entstehung des Kalksteins und seine Verarbeitung. Kurzweiliger jedoch ist eine Führung mit Markus Raker, dessen Herz von Jugend an für Steinbrüche schlägt. Seine Faszination für den Zeithorizont von 88 Millionen Jahren überträgt sich rasch auf die Zuhörenden. Wer möchte nicht auch einmal Ammoniten oder den Abdruck von Fischskeletten und Muscheln finden? Am ehesten geht das am extra eingerichteten „Klopfhaufen". Jeder Fund wird bejubelt. Ein Spaß für die ganze Familie. Die glücklichen Finder müssen ihre Ausbeute jedoch über die 700 Meter lange Rampe schleppen, die sich von der Sohle nach oben schwingt. Der Park ist immer geöffnet. Dreimal im Jahr gibt es eine kostenlose Führung.

TIPP

Fossilienfunde aus dem Steinbruch finden sich im sehenswerten Gewölbekeller des Hellwegmuseums.

● Themenpark Mythos Stein, Schneidweg 34, 59590 Geseke, Tel. (0 29 42) 59 60
www.westfaelische-hanse.de
● ÖPNV: ab Hamm Bahnhof RB89 bis Geseke Bahnhof,
dann weiter mit dem Fahrrad, ca. 4 Kilometer

Salz liegt in der Luft

4 ## Gradierwerk und Börde Therme in Bad Sassendorf

Keine Frage: Das hölzerne Gradierwerk ist das Prunkstück im Kurpark Bad Sassendorf. Ein echter Blickfang! Gewaltig wirkt es mit seinem 73 Meter hohen Gehäuse, beschützend wie die Arche Noah. Auf dem Platz davor plaudern Kurgäste und Einheimische; ab und an finden dort auch Konzerte oder Freiluft-Gottesdienste statt. Komfortable Bänke laden zum Sitzen oder Liegen an der Saline ein; hier lässt es sich in den Himmel träumen und eine gesunde Prise Salz schnuppern. Die Sole – salzhaltiges Wasser – läuft über Tausende Schwarzdornbündel von oben nach unten und wird dabei in die Luft gesprüht. Wer die Augen schließt, fühlt sich wie am Meer. Nur der Seewind fehlt.

Wer mag, kann innerhalb des Gradierwerks auf Entdeckungstour gehen. Dazu nimmt man eine Treppe hinauf oder man nutzt den Aufzug. Von der Plattform im zweiten Stock schweift der Blick über den Park, bunt blühend im Frühjahr oder Sommer und farbenfroh erleuchtet im Advent. Die Sportgeräte am Teich, die Adventure-Golf-Anlage oder die Bänke zum Ausruhen: Alles wirkt einladend und beschaulich. Beim genauen Hinschauen fallen die Holzfässer im „Treppenhaus" auf. Hier reift Single-Malt-Whisky heran, dem die Salzluft die besondere Note verleiht. Verkauft wird das kostbare Genussgetränk in ausgewählten Läden.

Nicht zu übersehen ist die Badelandschaft, die an das Gradierwerk anschließt. Vom Balkon aus bietet sich ein Blick in die Außenbereiche der Börde Therme. Diese lässt keine Wünsche offen: Wer will, kann saunieren, sich am Sprudelpilz vergnügen oder die Sprudelliegen ausprobieren. Selbstverständlich gibt es Massagen und Mooranwendungen. Natürlich ist die Therme ganz dem „Weißen Gold" gewidmet: In der Meersalzgrotte lässt sich bei leiser Musik und gedämpfter Beleuchtung heilende Salzluft einatmen. Der Clou ist das Schwebebecken: In konzentrierter Natursole kann man der Schwerelosigkeit des Seins nachspüren. Arme und Beine heben sich wie von selbst, und fast fühlt man sich wie im Toten Meer. Fehlt nur noch die Zeitung zum Lesen während des Badens …

TIPP

Folgen Sie den „Salzspuren" durch Bad Sassendorf und den Kurpark.

● Gradierwerk im Kurpark, Berliner Straße 51, 59505 Bad Sassendorf
www.badsassendorf.de, www.boerde-therme.de
● ÖPNV: ab Soest oder Paderborn Bahnhof RB89 bis
Bad Sassendorf Bahnhof, ca. 10 Min. Fußweg

Zum Anbeißen!

 5

Die Törtchenschmiede in Frömern

Bequemer geht's kaum. Die Regionalbahn 54, die zwischen Unna und Menden verkehrt, hält direkt vor der Törtchenschmiede. Man kann sich gleich auf der idyllischen Terrasse des kleinen Cafés niederlassen. Die Räumlichkeiten befinden sich im ehemaligen Stellwerk des alten Bahnhofs von Frömern. Die Stellwerkanlagen wurden nach seiner Schließung 1975 abgebaut, das Gebäude entkernt. Bis zum First sichtbare Balken, Vintage-Möbel, Deko-Gegenstände in den Regalen und Fensternischen, lange Holztische und Bilder von heimischen Künstlerinnen verleihen dem Raum ein besonderes Flair. Man fühlt sich gleich willkommen und möchte sich in einem der gemütlichen Sessel niederlassen, wenn da nicht die Küchlein wären, die die Blicke auf sich ziehen. Da gibt es Schokonussduett oder Weiße Mousse mit Maracuja. Alle auf selbst kreiertem Biskuitboden und hübsch dekoriert. Zum Anbeißen.

TIPP

Eine Schmuckausstellung des Ateliers Juvenile von nebenan gibt's im Keller des Cafés.

Überhaupt bestechen die kleinen runden Törtchen durch Fantasie und Können. Fruchtige Süße und Säure harmonieren perfekt miteinander. Die zwei Schwestern, die eine Konditorin, die andere Konditormeisterin, haben 2018 den Sprung in die Selbstständigkeit gewagt und verwöhnen ihre Gäste seitdem mit selbst erdachten Kuchenkreationen. Veganerinnen lieben besonders den Dattel-Mandelboden mit Waldbeerquark. Das Angebot wechselt je nach Jahreszeit: im Sommer fruchtig, im Winter nussigwürzig. Im Winter kommen außerdem selbst gemachte Pralinen hinzu. Immer wieder wird der Gast mit neuen Angeboten überrascht.

Besonders mundet der milde, aber im Geschmack kräftige Kaffee, den Anna-Lena und Johanna kredenzen. Zu besonderen Kuchen gehört ein besonderer Kaffee, haben sie sich gedacht und eine Fortbildung als Barista gemacht. Die Qualität des Angebots in der Törtchenschmiede hat sich inzwischen herumgesprochen. Auch ein renommiertes Gartenmagazin hat das Café entdeckt und einen Artikel veröffentlicht.

Die Gäste kommen aus dem weiten Umland. Manche machen auf ihrer Ruhrtalradwegtour einen Umweg über Frömern, trotz der hügeligen Strecke. Ein Kompliment an die Gastgeberinnen.

....

● Anna-Lena Schultz, Brückenstraße 2, 58730 Fröndenberg
www.toertchenschmiede.de
● ÖPNV: ab Unna oder Menden Bahnhof RB54 bis Bahnhof Frömern

Fast wie im Allgäu

Die Pöppelsche bei Eikeloh

Man kann immer wieder kommen. Die Pöppelsche, ein 17 Kilometer langer temporärer Bach (Schledde) zwischen Anröchte und Bökenförde ist ungemein vielseitig in ihrer landschaftlichen jahreszeitlichen Ausprägung. Je nachdem, welchen Einstieg man wählt, Effeln, Berge, Eikeloh, ergeben sich immer neue Eindrücke.

Für ausdauernde Wanderfans empfiehlt sich ein 10 Kilometer langer Rundweg, der am Wanderparkplatz bei Effeln beginnt (Ausschilderung: Radroute Steine und mehr). Im Frühjahr leuchten die Blüten der uralten knorrigen Apfelbäume am Wegesrand. Die Landschaft ist hügelig mit saftigen grünen Wiesen. Beige-braune Kühe mit ihren Kälbern, in der Senke der Flusslauf – das Allgäu lässt grüßen. An dieser Stelle ist eine erste Variante möglich. Wendet man sich nach links, gelangt man über einen Grasweg zu einem mystischen, sagenumwobenen Ort, an dem verschiedene Wasseradern zusammenlaufen. Auf einer von Bäumen beschatteten Lichtung steht hier die Frankenkapelle, ein Wallfahrtsort. Von Berge aus gelangt man über die Rüthener Straße zu einem weiteren naturgeschützten Areal der Pöppelsche. Von der Brücke aus kann man sehen, wie steil die Ufer rechts und links des Bachbetts aufragen.

Seit 2023 gibt es bei Eikeloh eine neue Attraktion. Ein ca. 20 Hektar großes Areal ist für die Öffentlichkeit erschlossen worden, um Fauna und Flora erfahrbar zu machen. Über angelegte Sandwege kann man das weitläufige hügelige Gelände erkunden, den angesiedelten Rindern und Eseln beim Grasen zuschauen, Vögel beobachten. Vielleicht entdeckt man in einem kleinen Tümpel eine Gelbbauchkröte. Kaum vorstellbar, dass in dem so harmlos aussehenden trockenen Bachbett im Winter sogar Kanuten ihre Fahrtüchtigkeit erproben. Die meiste Zeit des Jahres gibt es Wasser nur in den Kolken, strudelig ausgewaschenen tiefen Wasserbecken.

Die Hügel rund um den Bachlauf halten nicht nur den Alltagslärm fern, sondern speichern auch die Sonnenwärme. Die Landschaft ist nicht unbedingt spektakulär, entfaltet aber einen besonderen Reiz. Man fühlt sich angenehm entspannt, dem Alltag entrückt.

● Wanderungen an der Pöppelsche, https://mapcarta.com (alle Routen)
www.ich-geh-wandern.de (nur Effeln)

Grün, so weit das Auge reicht

7 Der Golfclub Gut Neuenhof in Fröndenberg

Wer sich nach Land, Luft und Grün sehnt, ist hier goldrichtig. Nah bei den Städten der Metropolregion Ruhr führen kurvige Straßen durch Felder und Dörfer mit Fachwerkhöfen. Sie bilden den malerischen Hintergrund unserer Fahrt nach Fröndenberg. Wunderbar entspannend. Die Lage des Golfclubs ist herrlich. Sanfte grüne Hügel erheben sich am südlichen Haarstrang, einem Höhenzug der Hellwegbörden. Vom Platz aus lässt sich eine umwerfende Aussicht auf die Ausläufer des Sauerlandes genießen. Aufatmen. Unser Blick wird weit und auch das Herz. Man muss sich schon auf das Golfspielen konzentrieren, um von der Schönheit der Umgebung nicht völlig verzaubert zu werden. Die Anlage entstand 1995 auf historischem Grund. Seit der Mitte des 15. Jahrhunderts ist die Familie des Gründers Eberhard Schulze-Neuhoff hier beheimatet. Das weiße Gutshaus aus dem 19. Jahrhundert stellt eine wunderschöne Kulisse inmitten des Grüns dar. Einen gelungenen Kontrast bietet das moderne Clubhaus, welches den Pro Shop, ein elegantes Golfhotel und das Restaurant Il Campo beherbergt. Der Platz zählt zu den Leading Golf Clubs in Deutschland. Zur 18-Loch-Premium-Golfanlage gehört eine Golfschule mit weitreichenden Übungseinrichtungen. Teilweise ist auf dem Green ein beachtlicher Höhenunterschied zu bespielen, der auch ambitionierten Golfern Herausforderungen bietet. Gäste sind herzlich willkommen. Alle Golfer sollten üblicherweise über eine DGV-Mitgliedskarte oder eine vergleichbare ausländische Legitimation verfügen.

Das Restaurant Il Campo ist weithin für seine gute Küche bekannt und wie auch das Hotel für alle Gäste zugänglich. Sein gehobenes Ambiente mit fein eingedeckten Tischen und hohen Fensterflächen wirkt licht und einladend. Im Sommer lädt die Terrasse zum Schmaus mit Aussicht ein. Ein Besuch des Golfclubs kommt einem Ausflug mit Urlaubsfeeling gleich. Nicht umsonst kann sich Clubsekretärin Alexandra Fels gar keinen schöneren Arbeitsplatz vorstellen. Zum Glück dürfen wir alle immer gern wiederkommen!

TIPP

Der Platz kann im Winter bei Flutlicht und im Schnee mit bunten Bällen bespielt werden.

● Golfclub Gut Neuenhof, Eulenstraße 58, 58730 Fröndenberg/Ruhr,
Tel. (0 23 73) 7 64 89, www.golfclub-gut-neuenhof.de
● ÖPNV: ab Fröndenberg Bahnhof Bus C71, Haltestelle Fröndenberg Springstraße,
ca. 25 Min. Fußweg

Von Kindern und Kühen

8

Der Milchhof Mühlhausen bei Unna

Der Hofladen mit seinem ausgelegten Frischgemüse und Obst ist gleich ein Blickfang. Drinnen warten fast ausschließlich Produkte, die auf dem Hof selbst hergestellt werden. Joghurt und Frischkäse, saisonal Grillfleisch und Braten, verschiedenste Wurstsorten, appetitlich arrangiert. Einfach lecker. Eingekochtes Rindfleisch, Hirschgulasch, Rouladen. Wer keine Zeit zum Kochen hat, findet hier die schmackhaftesten Fleischgerichte und Suppen in Gläsern. Übrig gebliebenes Obst wird zu Marmelade verarbeitet. Gläser immer mit Pfand. Nachhaltiger geht's kaum. Saisonal, regional, selbst gemacht.

Vor 500 Jahren, als der Hof entstand, waren Nachhaltigkeit, Schonung der Ressourcen, Produktion hochwertiger Lebensmittel selbstverständlich. Heute bezeugen diese Werte die Philosophie der Familie Lategahn, die die traditionelle Führung eines Bauernhofes mit ethischen Ansprüchen an die Milchviehhaltung verknüpfen will.

TIPP

Zum Rasten lädt im Sommer das Café im Bauerngarten mit seiner bunten Vegetation ein.

Der Hof ist ein beliebtes Ausflugsziel. Überall wuseln Familien mit Kindern jeden Alters herum. Sie laufen in die Ställe, rufen, schreien, rennen, füttern die Kälber mit Heu. Dürfen die das? Sie dürfen nicht nur, sie sollen auch. Das Besondere an diesem Hof ist nämlich, dass alle Ställe offen sind. Wer mag, kann die Tiere auch anfassen und streicheln. Kühe lieben das. Sie recken ihre Hälse erwartungsvoll den großen und kleinen Besuchern entgegen, lecken mit ihrer langen Zunge über Hände und Arme. So lernen die Kinder, dass das Fleisch auf dem Teller von lebendigen Tieren kommt. Sie sehen die Euter der Milchkühe und begreifen, dass Milch nicht im Tetrapack entsteht.

Nur das Jungvieh steht auf Stroh, die älteren Tiere müssen mit Spaltböden zurechtkommen. Das ist auch eine Frage der Ökonomie. Wie oft ist Hufpflege nötig? Wer mistet die Ställe aus? Muskelkraft und Arbeitskräfte sind ein rares Gut. Für Fragen zur Viehhaltung ist Simone Lategahn immer offen.

● Milchhof Mühlhausen, Heerener Straße 54, 59425 Unna, Tel. (0 23 03) 43 21
www.milchhof-muehlhausen.de
● ÖPNV: ab Unna Bahnhof Bus 146, Haltestelle Heerener Straße

Wie Schwimmen und Fliegen

9 Die Lichtpromenade Lippstadt

Wenn in der ersten Dämmerung die Straßenbeleuchtung angeht, werden die Lichtobjekte an Lippstadts Promenade entlang der Lippe lebendig. In Sichtweite voneinander korrespondieren die mehr als 15 Installationen miteinander und mit dem Ort, an dem sie leuchten.

Aus der Idee, sich am „Lichtweg am Hellweg" zu beteiligen, der in Schwerte beginnt und sich über Unna und Soest bis Lippstadt zieht, ist ein eigenes Projekt geworden. Dirk Raulf, Kurator der Lichtpromenade Lippstadt, begann 2003 mit den Planungen für die „Arche", die als Objekt Nummer 1 am Mattenklottsteg mitten im Fluss steht: In unregelmäßigen Intervallen sieht man in einem Glashaus 16 Icons: Einkaufswagen, Bierseidel, Totenkopf, Fischskelett, die lippische Rose …

Geht man von hier aus Richtung Lippertor, fallen Leuchtstäbe auf, die sich im Wind zu wiegen scheinen. Für Spaziergänger unsichtbar werden die „Schilfrohre" von Motoren unter der Wasseroberfläche sacht bewegt. In der Nähe blinkt es bunt durch die Äste der Bäume: „Abseite", eine Installation, die mit ihren vielfarbigen Lichtern an Kirmesreklame erinnert. Kaum 100 Meter weiter zischt oder blubbert es. „Undine" fordert Aufmerksamkeit. Grün angestrahlt von vier Unterwasserleuchten schießt mal ein Wasserstrahl hoch, mal wird das Wasser eingesogen.

„Cumulus" schwebt über dem Wasser, eine Installation, ausgestattet mit neuester LED-Technik, nachdem die erste Version aus Neonröhren implodiert war. Stutzen lässt eine Schrift an der Brücke am Ostendorfgymnasium. Im Wechsel scheinen SCHWIMMEN und FLIEGEN auf. In der Überlappung beider Schriften entsteht: SCHWEIGEN. Zufall? Absicht?

Die Kunstwerke sind, wie sie sind. Was sie sind, entsteht im Auge der Betrachtenden, zum Beispiel „Hel". Das in wechselnden Farben leuchtende U wird am gegenüberliegenden Ufer durch einen Metallspiegel zurückgeworfen, auf dem Kopf und verschwommen. Hel = Unterwelt? Wer sich auf das Wechselspiel von Ort und Objekt einzulassen vermag, erlebt zu jeder Jahreszeit einen außergewöhnlichen Spaziergang.

TIPP

Die Nachbildung eines Synagogenfensters weist in der David-Gans-Straße auf die ehemalige Funktion des Gebäudes hin.

● Lichtpromenade, Lange Straße 14, 59555 Lippstadt, Tel. (0 29 41) 5 85 15, Stadtführungen zweimal im Monat
● ÖPNV: ab Lippstadt Bahnhof ca. 10 Min. Fußweg zum Mattenklottsteg

Glück vor dem Stadttor

10 Der Bornekamp in Unna

Gerade noch in der Stadt und jetzt schon mitten im Grünen? Von der südlichen Stadtmauer in Unna überquert man den Wall auf der Fußgängerbrücke und landet im Bornekamp. So nennt sich die Straße und so heißt auch das anschließende Naherholungsgebiet. Wer hier in der grünen Oase vor den Toren der Hansestadt Unna spazieren geht, findet zwischen alten Bäumen, Feldern und Klangskulpturen Ruhe und Gelassenheit. Wegbegleiter ist der quirlige Kortelbach, der nach und nach renaturiert wurde.

Hier ist die Autorin Astrid Plötner häufig anzutreffen. Alle ihre Regionalkrimis spielen am Hellweg. Mit ihrer Hündin Lucy geht sie im Bornekamp regelmäßig Gassi. Beim Gehen schaltet sie ab und entwickelt Ideen für ihre Romane, die – natürlich – in Unna spielen. Einmal hat sie im Bornekamp sogar eine Leiche abgelegt, selbstverständlich nur literarisch. Auf einer Sitzbank wurde eine ihrer Heldinnen überfallen. Danach erging es ihr nicht gut. Noch übler traf es ihren Hund: Der musste daran glauben im Krimi „Enkeltrick" – glücklicherweise nur auf dem Papier.

TIPP

Nach dem Spaziergang im Restaurant Ölckenthurm direkt an der Stadtmauer einkehren.

„Beim Spaziergang kommen mir die Ideen ganz von selbst", erklärt Plötner. Dabei trifft sie andere Herrchen und Frauchen, die ihre Hunde ausführen. Junge Mütter sind mit Kinderwagen unterwegs. Radfahrer klingeln beim Überholen der Fußgänger.

„Am frühen Sonntagmorgen bin ich hier fast allein", berichtet die Autorin. Ob sie unterwegs schon erkannt wurde? Sie schmunzelt: „Nur einmal bisher." Zum Haarstrang hin steigt der Weg leicht an; oben sorgt ein kleiner Windpark für umweltfreundliche Energie. Wer noch etwa 3 Kilometer weitergehen mag, kommt zur Jacobsquelle. Verlaufen kann man sich hier nicht; alle Wanderwege und Sehenswürdigkeiten sind bestens ausgeschildert.

Der Bornekamp ist eine grüne Oase vor den Toren der Hansestadt Unna. Auf dem Rückweg biegen wir ab in den „Klangweg". Hier laden Skulpturen des Künstlers Paul Fuchs zum Betrachten ein. Manche können sogar bewegt werden und verursachen dabei Klänge.

....

● Bornekamptal, Bornekampstraße, 59423 Unna
● ÖPNV: ab Unna Bahnhof ca. 20 Min. Fußweg

Salve Germanicus!

11 Der Römerpark in Bergkamen

Drusus, Maximus und Sigurd waren schon da! Und wann kommst du? Mitten im Wald liegt der Römerpark, und dort gibt es viel zu entdecken. Gleich zu Beginn des Weges liegen ein großer Spielplatz und eine Arena. Wofür die wohl ist? An den Wochenenden ist nachmittags die imposante Holz-Erde-Mauer geöffnet. Sie wurde als Teilstück des ehemaligen Lagerwalls wieder aufgebaut. Wer über die Rampe die Mauer hinaufsteigt, kann einen Blick über die gesamte Anlage genießen.

Bergkamen zählt heute knapp 49.000 Einwohner. Kaum zu glauben, dass im Jahre 11 vor Christus hier 15.000 römische Soldaten stationiert waren. Die riesige Militärstadt war das bedeutendste Lager nördlich der Alpen. Sugambrer und Brukterer hießen die germanischen Stämme, die damals in diesen Wäldern lebten und von den Römern unterworfen wurden. Heute kann man durch den Wald streifen und an Lehrtafeln etwas über ihre Geschichte erfahren. Pfarrer Otto Prein war 1905 der erste Geschichtsbegeisterte, der mit den Grabungen begann. So erfuhr man nach Jahren der Forschung, dass die Anlage seinerzeit 56 Hektar umfasste. In ihrem Innern gab es luxuriöse Häuser und Stabsgebäude für die Heeresführung. In unserer Zeit stehen hier stattdessen rekonstruierte germanische Hütten. Nur ein kleiner Eindruck von den Lebensumständen unserer Vorfahren, aber spannend! Erst recht auf den Veranstaltungen! Dann bevölkern Römer in voller Kampfmontur mit ihren Zelten die Wiese, reiten auf ihren Pferden ein und mutige Gladiatoren kämpfen in der Arena für die Zuschauer. Heutzutage kommen sie nicht mehr aus den einstigen Provinzen, sondern aus Augsburg oder Dresden und begeistern die Besucher mit ihrem Wissen über die römische Kultur. Auch Handwerker lagern dann hier und stellen historische Kleidung und Werkzeuge her. Was für ein Glück, dass der Eintritt zum Römerpark frei ist!

Wer mag, bestaunt im nahen Stadtmuseum die Ausgrabungsfunde. Es werden Führungen für große und kleine Leute angeboten und Mitmachaktionen lassen die Geschichte lebendig werden.

TIPP

Per Rad auf der 400 Kilometer langen Römer-Lippe-Route den Spuren der Legionäre folgen.

● Römerpark, Am Römerberg 1, 59192 Bergkamen, Tel. Stadtmuseum Bergkamen: (0 23 06) 3 06 02 10, www.roemerpark-bergkamen.de
● ÖPNV: ab Lünen-Horstmar Preußen Bahnhof Bus R11, Haltestelle Bergkamen Oberaden Sugambrerstraße, ca. 5 Min. Fußweg

Kultur mit Ausblick

12 Haus Opherdicke in Holzwickede

Hoch auf dem Ardeykamm liegt das Rittergut Opherdicke. Von dort öffnet sich eine spektakuläre Aussicht über das Ruhrtal. Ringsum Grün und Natur, Kunst, Kultur und Kulinarisches satt – und obendrauf die Patina von Jahrhunderten. Hat man das herrschaftliche Gebäude an der Dorfstraße erst einmal betreten, lässt es kaum Wünsche offen.

Die Ursprünge des Baudenkmals gehen auf das 12. Jahrhundert zurück. Im 17. Jahrhundert wurde die alte Wasserburg umgebaut und erhielt ihre heutige Gestalt. Seit 1980 ist Haus Opherdicke im Besitz des Kreises Unna und wird für kulturelle Veranstaltungen aller Art genutzt.

Beschreitet man das Tor durch das massive Mauerwerk, so betritt man eine andere Welt. Ein großer, gepflasterter Hof wird gesäumt von Gebäuden. Frontal steht das Herrschaftshaus, an dessen Rückseite sich der Wassergraben befindet. Aus dem Wassergraben ragt vorwitzig die Skulptur einer Meerjungfrau. Im Museum Opherdicke im ersten Stock finden regelmäßig Ausstellungen statt, oft mit Werken regionaler Künstlerinnen und Künstler. Unter den Füßen knarzen Holzdielen, während der Blick durch das Fenster auf die friedliche Landschaft fällt. Haus Opherdicke lockt zudem regelmäßig mit Literaturevents und Konzerten Gäste an. Ob Klassik oder Weltmusik, für jeden Geschmack ist etwas dabei. Selbstverständlich wird hier auch regelmäßig „gemordet" beim Festival „Mord am Hellweg".

TIPP

Hungrige können sich danach im Bistro je nach Geschmack mit Kaffee Crema und Kuchen oder Grauburgunder und Quiche stärken.

An diesem Nachmittag geht es weniger kriminell zu. Autorinnen und Autoren lesen beim LiteraturSommerHellweg Texte über Einsamkeit und starke Frauen. Lauschende suchen Schattenplätze unter den Sonnenschirmen auf und erfrischen sich mit Mineralwasser oder Weißwein. Zwischen den Lesungen entführt eine Band in der Kulturscheune mit keltischer Harfe und starken Stimmen auf eine Gedankenreise. Wem das noch nicht reicht, der oder die kann einen Spaziergang durch den Skulpturengarten machen. In dem weitläufigen Park befinden sich Werke des amerikanisch-italienischen Bildhauers Raimondo Puccinelli.

● Haus Opherdicke, Dorfstraße 29, 59439 Holzwickede
● ÖPNV: ab Holzwickede Bahnhof Bus R51/R52, Haltestelle Haus Opherdicke

Geigenklänge unter Sternen

Die Synagoge in Unna

Der Stern, „haKochaw", so nennt sich die liberale jüdische Gemeinde in Unna. Tatsächlich: Der Stern ist das Leitmotiv im Betraum der Synagoge. Am Toraschrein mit der Schriftrolle prangt der sechszackige Davidstern. Darüber wölbt sich das Firmament: der Sternenhimmel, wie er über Unna 2019 erschien, am Tag, als die Synagoge neu eröffnet wurde. Der Himmel richtet sich aus nach Jerusalem, dem Sehnsuchtsort der Juden.

120 Mitglieder hat die jüdische Gemeinde im Kreis Unna. Viele davon sind aus Russland eingewandert. Sie haben sich Frieden und Verständigung auf die Fahnen geschrieben: Zum Pessachmahl 2022 waren Geflüchtete aus der Ukraine eingeladen. Das Gespräch zwischen Religionen und Kulturen vor Ort ist der Gemeinde sehr wichtig. Als liberale Gemeinde empfängt „haKochaw" regelmäßig eine Rabbinerin, die die Gebete leitet. Sie knüpft damit an die Tradition der ersten Rabbinerin weltweit an, Regina Jonas. Jonas wurde 1944 in Auschwitz ermordet.

TIPP

Machen Sie einen Termin für einen Besuch aus.

Die Gemeinde „haKochaw" hat in ihrer Synagoge einen Ort der Begegnung und der Gastfreundschaft geschaffen. An diesem Abend spielt im Rahmen des Festivals „Celloherbst am Hellweg" ein Quartett klassische Werke: neuere Musik, aber auch Stücke von Mozart und Dvořák. Liebliche Klänge entstehen unter dem Sternenhimmel, schweben in den Raum zu den etwa 100 Zuhörerinnen und Zuhörern. Satte Cellotöne mischen sich mit dem hellen Flötenklang und der zarten Melodie der Geige, während die Abendsonne durch die farbigen Fenster strahlt. Friedvoll ist die Stimmung im Saal. Die Musik verbindet Alt und Jung, Menschen unterschiedlicher Herkunft und Religion. Alle Männer tragen eine Kippa, die bei Bedarf ausgeliehen werden kann. Sie müssen ihr Haupt bedecken, so will es die Tradition. In der Pause bieten Mitarbeiterinnen Wasser und Wein an. Beschwingt und beseelt verlassen die Besucher das gastfreundliche Gotteshaus.

● Synagoge „haKochaw", Buderusstraße 11, 59427 Unna, Tel. (0 23 03) 88 63 23
www.juedische-Gemeinde-Unna.de
Celloherbst am Hellweg, www.celloherbst.de
● ÖPNV: ab Unna Bahnhof S4 bis Massen, ca. 20 Min. Fußweg

Bewegte Kunst

Die Galerie Nowodworski in Unna

14

Es blinkt, glitzert, surrt und dreht sich – auf Knopfdruck. Objekte zum Anfassen vor hellen pastellfarbenen Wänden in drei Räumen. Aus Fundstücken von Flohmärkten und Bastelläden gestalten Frauke und Dietmar Nowodworski ihre Kunstwerke. Kreativ und ideenreich werden Alltagsgegenstände verfremdet und bekommen damit einen neuen Sinn eingehaucht. So dreht sich neben Fragmenten einer alten Dampfmaschine ein blauer, ovaler Stein. Die tote Hummel, durch ein davor montiertes Vergrößerungsglas sichtbar, dreht sich mit. „Life is limited" – Kunst mit Hintersinn. Ein Schelm, wer an Klimawandel denkt. Sechs Taschenuhren, vor 20 Jahren in destilliertes Wasser getaucht, befinden sich in unterschiedlichen Stadien der Auflösung und demonstrieren was? Da ist die Fantasie der Betrachtenden gefragt.

TIPP

Gegenüber der Galerie hat Frauke aus einer vermüllten Brache ein Gartenidyll gezaubert (siehe Glücksort 20).

Es lohnt allemal, die steile Treppe zu erklimmen, die in den ersten Stock des 500 Jahre alten Fachwerkhauses führt, in dem sich die Galerie befindet. Vor der Entsorgung gerettete Pflastersteine mutieren zu Schmuck-Stücken. Aussortierte Glühbirnen bergen im Innern Figurinen mit Titeln wie „Glückskind" oder „Lucy in the sky". Texten tut sie, die Technik macht er. Visionen einer ökologisch-ästhetischen Um-Welt entwickeln sie gemeinsam. Anhand großformatiger Bilder können die Betrachtenden nachvollziehen, wie Betonbauten wie der Dortmunder Flughafen oder das Unnaer Rathaus durch Begrünung aufgewertet werden könnten. Anlass zum Mit-Denken. Kunst interaktiv.

Was ist Kitsch, was Kunst? Das Ehepaar spielt mit dieser Spannung in seinem Kitschzimmer mit Trini's Büdchen, in dem alles versammelt ist. Zu dem Lied „Oh mein Papa" dreht sich die Queen über einem Glas mit Gummiringen, daneben streckt Einstein die Zunge heraus, um eine Fliege zu fangen. Schauen, staunen, glücklich sein und immer wieder neue Details entdecken. Was twittert die Teedose dem Bakelithörer? Was meinen die Titel „Heiliger Rasen" oder „Out of balance"? The earth is watching. Am besten hinfahren und selbst schauen. Ein Anruf genügt, um eine Führung zu vereinbaren.

● Galerie Nowodworski, Massener Straße 24, 59423 Unna, Tel. (0 23 03) 91 84 80
www.nowodworski.de
● ÖPNV: ab Dortmund Bahnhof S4 bis Unna Bahnhof,
ca. 15 Min. Fußweg durch die Stadt

Mystischer Ursprung

15 Der Emscherquellhof in Holzwickede

Von welchem Fluss lässt sich schon behaupten, dass er einen Quellteich hat? Und auf dem Gelände eines idyllischen Fachwerkgehöfts entspringt? Ausgerechnet die Emscher, früher als „Köttelbecke" des Reviers verschrien, beginnt in dieser Idylle ihren Lauf. Einen Kilometer vom Ortskern Holzwickede entfernt befindet sich ein Platz, der zum Träumen einlädt. Fast schon mystisch wirkt das ruhige Gewässer, eingebettet in Grün, mit einem Ensemble aus Fachwerkhäusern im Hintergrund. Entspannt lässt es sich zu diesem Glücksort durch die Felder radeln.

Vom Quellteich aus schlängelt sich die inzwischen renaturierte Emscher 83 Kilometer von Ost nach West zur Mündung im Rhein. Die Emscher hat eine erstaunliche Entwicklung durchgemacht: Einst einbetoniert und berüchtigt als stinkender Abwasserfluss, wurde sie 2010 und 2011 zur „Flusslandschaft des Jahres" gekürt. Zahlreiche Kunstwerke säumen ihren Weg.

TIPP

Im Emscherquellhof finden regelmäßig Konzerte statt.

Wen stört es bei all dem, dass die Emscher wahrscheinlich gar nicht in diesem Teich entspringt? Wie Forschungen ergaben, hat sie stattdessen fünf Quellen im nahe gelegenen Hixterwald. Der Zauber des Ortes bleibt davon unberührt. Die Sage der Emscherfee Emrizza Amberhus gehört untrennbar zu dieser Quelle: Eine geizige Jungfrau wird durch eine himmlische Erscheinung zur Gönnerin des Dorfes – die Geschichte eines weiblichen Ebenezer Scrooge, so heißt der Geizkragen in Charles Dickens' Weihnachtsgeschichte. Nach ihrem Tod, so die Sage, erschien von Zeit zu Zeit über der Quelle ein Gesicht mit den Zügen der Emrizza. Das Gewässer wurde früher als Löschteich genutzt, und so warnte die Fee durch ihr Erscheinen die Bauern vor einer drohenden Feuersbrunst.

Den ehemaligen Lünschermannshof auf dem Gelände kaufte übrigens die Emschergenossenschaft auf. Inzwischen ist er verpachtet. Liebevoll restauriert bietet er nun die Kulisse für Kulturveranstaltungen. Im Café kann man sich an den Wochenenden stärken. Der Emscherquellhof lässt sich auch mieten für rauschende Feste und Feierlichkeiten. Sogar heiraten kann man hier an diesem sagenumwobenen Ort.

● Emscherquellhof, Quellenstraße 2, 59439 Holzwickede
● ÖPNV: ab Dortmund-Aplerbeck Bus 438 Richtung Landskrone, Haltestelle Emscherquelle Holzwickede oder Bahnhof Holzwickede, ca. 30 Min. Fußweg

Ich bin der König

16 Die evangelische Kirche in Bausenhagen

„Da müssen Sie unbedingt hin." Die Presbyterin der evangelischen Kirchengemeinde Bausenhagen ist ganz begeistert von den modern gestalteten Fenstern in dem 800 Jahre alten romanischen Kirchenbau. Romanisch heißt: schlichte Bauweise, erdverbunden und spirituell zugleich. Und dazu moderne Fenster? Geht das? Das Künstlerpaar Andreas und Barbara Felger beweist, dass es geht. Grundlage ist das Johannesevangelium. Jedem der sieben Fenster ist eine Aussage daraus gewidmet. Sieben Fenster, sieben Zitate. Das Fenster im Altarraum nimmt Bezug auf das Christusfresko über dem Altar: „Ich bin die Auferstehung und das Leben." Ein stilisierter Christus in Blau, Gelb und Weiß. Die Fenster sind unterschiedlich farbig, angepasst an den jeweiligen Ausspruch. „Ich bin der gute Hirte" enthält viel Grün, „Ich bin der König" greift das Purpur des Königsmantels auf. Die Farben der Fenster filtern das von außen einfallende Licht und schaffen eine Atmosphäre von Ruhe und Entspannung, im Einklang mit den runden Formen der Romanik.

TIPP

Einen Blick wert sind die Schilder mit astrologischen Informationen zwischen den Fenstertafeln.

Wer in diese Stimmung eintaucht, verlässt den sakralen Raum nach einer Weile tiefenentspannt. Er ist bereit für den Meditationsweg, der nahe der Kirche beginnt. Eine Informationstafel gibt einen Überblick. Der Weg führt durch Wiesen, unter Schatten spendenden Bäumen und an Pferdekoppeln vorbei, gewährt manchen Ausblick auf die hügelige Landschaft des Sauerlandes und ist gesäumt von Tafeln mit Abbildungen der Fenster. Sie laden zum Innehalten ein und geben Denkanstöße. „Wo finden Sie Ihre Tränke?" „Wem vertrauen Sie?" Man sollte sich Zeit nehmen.

Der etwa 2,6 Kilometer lange Rundweg endet auf dem Friedhof der Kirche mit dem Stichwort „Leben" und dem Altarfensterbild. „Wer an mich glaubt, der wird leben." Die Tafel steht in der Nähe eines Baumes, unter dem sich große Kieselsteine befinden. Bei näherem Hinsehen begreift man. Unter jedem Stein ist ein Urnengrab. Der Alltagsstress ist vergessen. Man ist im Einklang mit sich und der Welt.

Die Kirche ist tagsüber geöffnet.

● Evangelische Dorfkirche Bausenhagen, Palzstraße 54, 58730 Fröndenberg, Tel. (0 23 73) 7 19 39, www.ek-froendenberg.de
● ÖPNV: ab Unna Bahnhof Bus R70, Haltestelle Bausenhagen Kirche oder Bürgerbus ab Marktplatz Fröndenberg, Haltestelle Bausenhagen Kirche (www.buergerbus-froendenberg.de), ca. 5 Min. Fußweg

Dem Himmel entgegen

17 Halde Großes Holz in Bergkamen

Berge und Hügel sorgen für Ausblicke. Man fühlt sich den Wolken nahe, träumt in den Himmel und denkt über das eigene Leben nach. Wenn kein Mittel- oder Hochgebirge zur Verfügung steht, tut es auch eine Halde.

Und was für eine! Die Halde Großes Holz befindet sich in der Nähe von Bergkamen, eine Abraumhalde mit Kohleresten, angesammelt seit den 1960er-Jahren. Im Volksmund trägt sie den Namen „Bergkamener Alpen". Nicht ganz zu Unrecht: Wer sich vom Parkplatz aus mit dem Rad auf die Höhe begibt, muss kräftig strampeln. Auch beim Treppenaufstieg zwiebeln die Beine – selbst wenn die Adener Höhe gerade einmal 146,8 Meter über Normalnull misst. Landmarke auf der Höhe ist ein 33 Meter hoher Pylon. Weithin leuchtet diese Stele namens „Impuls" bei Dunkelheit über das Land, dank der 14.000 LED-Leuchten. Damit ist sie ein ideales Ziel für Nachtschwärmer.

TIPP

Eine Nacht-
wanderung – mit
Taschenlampe!

Doch auch bei Tag finden Menschen den Weg auf die Halde hinauf: mit Mountainbikes oder zu Fuß, mit Hund, allein oder paarweise. Zu Silvester sind mehr Leute unterwegs als sonst. Ob der letzte Tag des Jahres zum Innehalten auf der Anhöhe verlockt? Schemenhaft zeichnen sich die Silhouetten im Gegenlicht ab. Fast apokalyptisch wirkt das Szenario, nicht zuletzt wegen der bleichen Sonne, die ab und an hinter den Wolken hervorblitzt. Es ist zugig. Rostige Dreiecke säumen die Ellipse. Sie benennen Sehenswürdigkeiten der Umgebung; das Rathaus Bergkamen etwa oder den Förderturm der ehemaligen Zeche Monopol. Industrielandschaft, so weit das Auge reicht.

Nicht gar so karg wirkt die Gegend im Sommer, wenn die Blicke durch saftiges Grün schweifen. Auf dem weitläufigen Gelände um die Adener Höhe finden sich Bäume und Büsche. Bänke laden zum Sitzen ein. Dazwischen fallen immer wieder blaue „Tüten" auf: Kunstwerke, die in der Dämmerung leuchten. Die Halde Großes Holz leugnet ihre Vergangenheit als Kohlenhalde nicht. Diese wird durch die Lichtkunst noch betont. Gerade das macht diesen Ort zu einer reizvollen Mischung aus Industriekultur und Natur. Glück auf!

● Halde Großes Holz, Erich-Ollenhauer-Straße, 59192 Bergkamen
● ÖPNV: ab Lünen Bahnhof oder Kamen Bahnhof Bus R12,
Haltestelle Erich-Ollenhauer-Straße

Pieselotten und Klabüssen

18

Nachtwächterführung mit Beate von Sobbe in Salzkotten

Wenn es dunkel wird in Salzkotten, gehen die Leute in ihre Häuser und bereiten sich aufs Schlafengehen vor. Alle? Nein, nicht alle. Gut gerüstet mit Umhang, Hut, Laterne und vielen Anekdoten macht sich Beate von Sobbe auf, den Unwissenden Stadtgeschichte und Brauchtum kundzutun. Ihre Führung macht an etlichen Stationen halt, und wir erfahren viel über die wechselvolle Geschichte Salzkottens: Dass zum Festungsbau die umliegenden Bauernschaften aufgesucht und die Menschen zum Schuften angelockt wurden. Ihr Lohn dafür sollte eine Wohnstatt innerhalb der Festung sein. Und das nahmen die Menschen gern an, wurden sie doch draußen im Land häufig ausgeraubt und ihre Häuser zerstört. Was für eine schwere körperliche Arbeit das mit den damaligen Schaufeln und Beilen war, kann man sich heute nicht mehr vorstellen.

TIPP

Beate von Sobbe macht auch Kräuterführungen mit anschließender Zubereitung und Verkostung.

Es gibt auch lustige Anekdoten zu berichten, etwa aus der Zeit, als Unterhosen noch nicht erfunden waren. Da es auch noch keine Toiletten gab, wurde das Pieseln einfach draußen erledigt. Die ersten Damendessous bestanden aus einer Art Hose, die jedoch im Schritt offen war. Wenn die Frauen nun vergaßen, dass sie Beinkleider trugen, wurden sie bei gleicher Vorgehensweise bepieselt. So wurden aus Klamotten Pieselotten. Spätere Unterhosen besaßen eine mit Knöpfen zu öffnende Klappe. So wurden aus Klappbuxen in gleicher Weise Klabüssen.

Gruselig waren die Vorgänge dagegen im Hexenturm. In heutiger Zeit wurde mittels Untersuchungen an den alten Balken festgestellt, dass in nassen Jahren immer Frauen gefangen genommen wurden. Damals glaubte man, ihr böser Blick ließe das Korn und das Wasser verfaulen und die Tiere krank werden. Beate von Sobbe hat einen unerschöpflichen Vorrat an Geschichten und Histörchen. Wenn Kinder und Erwachsene große Augen bekommen und gebannt zuhören, ist sie in ihrem Element. Ihre humorvolle und zugewandte Erzählkunst ist für alle Zuhörenden spannend. Welch ein Glück, dass sie sich überreden ließ, ihr Wissen aufzuschreiben und zu veröffentlichen.

● Stadt Salzkotten Touristikbüro, Marktstraße 8, 33154 Salzkotten,
Tel. (0 52 58) 50 70, www.salzkotten.de
● ÖPNV: ab Salzkotten Bahnhof ca. 15 Min. Fußweg

Untrennbar

19 Das Kettenschmiedemuseum in Fröndenberg

Was soll man zuerst erzählen? Wie das Gebäudeensemble vor dem Abriss gerettet und aus einer ehemaligen Papierfabrik das heutige Kettenschmiedemuseum wurde? Wie die Maschinen und Werkzeuge der aufgegebenen Kettenproduktion in Fröndenberg hier eine neue Heimat fanden? Wie der Künstler Markus Lüpertz Sponsor wurde? Wie Helmut Dietl hier die Kriegsszenen zu seinem Film „Schtonk!" drehte?

Zunächst stand der Abriss auf dem Plan. Dann kam Adolf Ulmke, von den Fröndenbergern liebevoll als „Vater des Kulturzentrums" bezeichnet. Seiner Initiative ist es mit zu verdanken, dass die Gebäude der Papierfabrik erhalten blieben und eine neue Wertschätzung erfuhren. Zudem heiratete seine Tochter den Bruder von Markus Lüpertz. Der kam zur Hochzeit, sah die Gebäude und den Stofffänger-Hochleistungstrichter und befand: Das muss bleiben. Was macht ein Künstler? Er macht ein Bild. In diesem Fall einen Siebdruck vom Trichter. Der Verkaufserlös reichte, um selbigen zu retten. Das war der Anfang.

Eingeweiht wurde das Kettenmuseum am 9. Mai 1999, die erste Trauung inmitten von Maschinen und Eisenketten fand am 9. September 1999 statt. Bis heute wurden hier über 800 Ehen geschmiedet. Nicht alle so haltbar wie die massiven Ketten, die über die Räumlichkeiten verteilt zu bewundern sind.

TIPP

Führungen nach Vereinbarung; jeden ersten Sonntag im Monat Vorführung am Schmiedefeuer.

Welch ein Erlebnis, wenn der Schmied seine Kunst an der Esse vorführt. 1200 Grad heiß ist der Ofen. Glühend die Enden der Rohrstücke, die flach geklopft und dann zusammengefügt werden. Altes Schmiedehandwerk. Am eindrucksvollsten aber sind die Maschinen, alle voll funktionsfähig. Produktion analog. Maschinen stampfen, Eisen klirrt, Funken sprühen. Brandgeruch steigt beim Schweißen in die Nase. Kinder- und Jugendgruppen dürfen eigene Ketten schmieden und erleben, wie die Maschinen arbeiten: die Kalibriermaschine, die Kettenbiegemaschine, die Handschweißmaschine. Am Ende aller Arbeitsvorgänge können sie ihre eigene Kette mitnehmen. Die Einzelglieder sind untrennbar verbunden, aber untereinander beweglich. Wenn das kein Motto für Gemeinschaft ist.

● Fröndenberg Kettenschmiedemuseum, Ruhrstraße 12, 58730 Fröndenberg, Tel. (0 23 73) 8 20 04, www.tourismus-froendenberg.de
● ÖPNV: ab Fröndenberg Bahnhof ca. 10 Min. Fußweg bis zum Himmelmannpark

Lasst 1000 Blumen blühen!

Der Garten Mille Fiori in Unna

Wer das Glück nicht sucht, findet es meist unverhofft – zum Beispiel hinter einer Toreinfahrt in der City von Unna. Wilhelm-Sternfeld-Gasse nennt sich das Sträßchen, das quasi durch ein Haus hindurch zu einer Fläche führt, auf der es äußerst farbenfroh zugeht.

„Betreten erwünscht" steht am Eingang dieses Glücksgartens. Ein kleines Paradies findet sich hier: eine grüne Oase für Menschen, Tiere und Pflanzen. Ein zauberhafter Ort, den das Künstlerpaar Frauke und Dietmar Nowodworski den Menschen in der Hansestadt geschenkt hat. Die beiden haben den ehemaligen Schandfleck an ihrer Grundstücksmauer in eine blühende Landschaft verwandelt und eine Begegnungsstätte gestaltet.

Was es dazu brauchte? Tatkräftige Hände sowie Interessierte und Neugierige, die Blumen und Ableger brachten. Zuvor wurde das Gelände gesäubert. Glasflaschen, Einbruchswerkzeuge und jede Menge Müll mussten entfernt werden, bevor der Garten der 1000 Blumen – *mille fiori* – erblühen konnte.

Farbig gestrichene Stühle und eine „Naschecke" mit Beerensträuchern stehen auf dem schmalen Stück Erde. Nachdenklich stimmt die Skulptur „Mother earth is watching": Über einer Erdkugel ist ein Kameraauge angebracht. Vielleicht ein Hinweis darauf, dass Menschen die Natur achten und respektieren sollen? Ein weiterer Hingucker ist eine altmodische, mechanische Schreibmaschine auf einer pinkfarben gestrichenen Kommode. Aus der Schublade ranken bunte Gewächse. „Ein Leben ohne Freunde ist wie ein Garten ohne Blumen!", lautet der passende Spruch.

Die Stadtoase zu besuchen, lohnt sich zu jeder Jahreszeit. Zwischen Frühjahr und Herbst sowieso wegen der Blütenpracht. Im Winter wirken die fantasievollen Skulpturen zwischen welkem Laub und leeren Zweigen geradezu magisch. Und über die Gartenmauer hinweg lächelt das Künstlerpaar von der Hauswand aus die Besuchenden an. Übrigens: Wer die Nowodworskis persönlich kennenlernen will, kann einen Termin im Atelier vereinbaren.

TIPP

Informationen zu Ausstellungen von Nowodworski (siehe Glücksort 14) und anderen Künstlern finden sich auf www.kunstortunna.de.

....

● Garten Mille Fiori, Wilhelm-Sternfeld-Gasse, 59423 Unna
● ÖPNV: ab Unna Bahnhof ca. 10 Min. Fußweg

Adel verpflichtet

21

Das Gasthaus Thoholte in Geseke

Laufkundschaft komme eher selten, dafür habe das Café eine solide Stammkundschaft, erzählt Herr Böner, Inhaber des Cafés Thoholte, während wir draußen die frühlingshafte Sonne und den Blick auf das Gebäude und den umgebenden Park genießen. In der Tat. Das Café liegt ein wenig abseits. Man muss vom Markt aus durch eine schmale Gasse gehen, bevor sich der Blick auf den ehemaligen Adelssitz Thoholte und den kleinen Park öffnet. Mit seinem barocken giebelständigen Teil wirkt das weiß gestrichene Gebäude trotz der imposanten Größe fast filigran. Die vielen Fenster mit ihren etwa 700 kleinen Fensterscheiben lockern die Fassade auf und lassen viel Licht ins Innere.

Ihn habe sofort die heitere und harmonische Ausstrahlung des Gebäudes fasziniert, verrät Herr Böner. Ein Eindruck, der sich bis heute erhalten hat. Die Proportionen des Gebäudes und die Vielzahl an Fenstern tragen zu einer ganz besonderen Raumwirkung im Inneren bei. Die noch erhaltenen Innenwände aus Lehm und Strohgemisch tun ein Übriges.

TIPP

Park und Garten bieten attraktive Spielmöglichkeiten für Kinder.

Die über 3 Meter hohen lichtdurchfluteten Räume sind liebevoll und stilsicher eingerichtet. Bilder hängen an den Wänden. Im Flur reihen sich auf Stellagen und Tischchen Deko-Gegenstände. Eine nette Bedienung serviert Kaffee, leckere Kuchen und kleine Snacks. Auf dem Weg in den ersten Stock entdeckt man an den Wänden Fotografien aus der Vergangenheit Gesekes und des Adelssitzes Thoholte. Dieser war im 17. Jahrhundert zunächst im Besitz des Bischofs von Paderborn. In dieser Zeit hat auch der Erzbischof von Köln hier übernachtet. Nicht zum Übernachten, aber auf ein Bierchen kommt regelmäßig zum Schützenfest der Rainer zu Besuch. Für die Geseker der Rainer, für die Münchner der Kardinal Marx.

So setzt sich die Tradition des Ortes bis heute fort. Apropos Tradition: Die zum Haupthaus gehörende Remise wurde liebevoll restauriert und bietet ein wunderbares Ambiente für kleine Feiern. Ein extra zum Erhalt der Remise gegründeter Verein hat das schmucke Gebäude vor dem Verfall bewahrt. Zum Glück für die Gäste.

● Café Thoholte, Marktplatz 7, 59590 Geseke, Tel. (0 29 42) 9 88 92 14
www.haus-thoholte.de
● ÖPNV: ab Lippstadt oder Hamm Bahnhof RB89 bis Geseke Bahnhof, kurzer Fußweg bis zum Marktplatz

Die Marke [lila we:]

22 Das Literaturbüro in Unna

Mitten in der Stadt Unna, geschützt und beschattet von einer mächtigen Kastanie und überragt vom Turm der Stadtkirche, steht das Nicolaihaus, ein Fachwerkbau von 1730. Man kann hier heiraten und im Keller Weine verkosten. Hier trifft sich der Sauerländer Gebirgsverein. Das Haus beherbergt außerdem eine Musikaliensammlung internationaler Komponistinnen. Vor allem aber ist es der Sitz des Literaturbüros Westfalen. Hier, in den Händen von Heiner Remmert, laufen die Fäden des weit verzweigten westfälischen literarischen Netzwerkes [lila we:] zusammen. Das Spektrum der Lesungen ist breit gefächert. Veranstaltungsreihen wie der „Mord am Hellweg" und der „Literatursommer am Hellweg" werden hier geplant und organisiert. Flexibel und kreativ geht Remmerts Team mit Problemen um. So entstand in Pandemiezeiten die Idee zu Fensterlesungen, drinnen die Vorlesenden, draußen das Publikum. Ein Format, das Zukunft hat, findet der Leiter.

TIPP

Für Schreibinteressierte jeden Alters gibt es Workshops mit unterschiedlichen Schwerpunkten.

In dem alten Ständerfachwerkbau fühlen sich nicht nur die betreuten Autorinnen und Autoren wohl, sondern auch die Gäste. Eine Bühne ermöglicht Lesungen digital oder analog. Technik, Scheinwerfer, alles da. Klein und fein. Remmert und sein Team wollen nur eins: Das Publikum glücklich machen. Womit? Mit Lesungen in entspannter Atmosphäre vor Ort, mit thematischen Lesungen, die ein historisches Ereignis ins Blickfeld rücken wie zum Beispiel das Barbarossafestival mit kritischen Texten und Romanen vom Mittelalter bis heute. Es gibt Lesungen mit regionalen und internationalen Schriftstellerinnen und Schriftstellern. Jussi Adler-Olsen oder Ben Aaronovitch haben schon im intimen Rahmen einer Stadtteilbibliothek gelesen. Autoren und Autorinnen zum Anfassen. Wer möchte das nicht?

Die Marke [lila we:] ist etwas Besonderes. Gut beraten sind die, die regelmäßig den Terminkalender von [lila we:] aufrufen, denn vielfach reagiert das Team kurzfristig auf aktuelle Ereignisse mit entsprechenden Angeboten, wie zum Beispiel 1700 Jahre jüdisches Leben in Deutschland. Die Marke [lila we:] sollte man sich merken.

● Westfälisches Literaturbüro Unna, Nicolaistraße 3, 59423 Unna,
Tel. (0 23 03) 96 38 50, www.wlb.de, www.literaturlandwestfalen.de (Kalender)
● ÖPNV: ab Dortmund Bahnhof S4 bis Unna Bahnhof,
ca. 10 Min. Fußweg bis zur Altstadt

Boote, Bier und Pommes

23 Der Preußenhafen in Lünen

Wo früher Kohle von der Zeche Preußen in Horstmar zur Zeche Gneisenau umgeschlagen wurde, befindet sich nun ein Jachthafen. Am Datteln-Hamm-Kanal wurde der Preußenhafen vor fast 100 Jahren erbaut und 1925 in Betrieb genommen. Nach intensiver Nutzung in den 1960er-Jahren verlor er mit den Zechenschließungen in den 1980er-Jahren seine Funktion als Industriestandort.

Mittlerweile ist der Hafen ein beliebtes Ausflugsziel für Groß und Klein. Hier durchzuatmen und auf die Wasserfläche mit den Sportbooten zu schauen ist wie ein Kurzurlaub für die Seele. Der Blick schweift über das Gewässer hinweg zum Kran, der Landmarke des Hafens. „Mohr" heißt der 1962 erbaute Wippdrehkran. Er ist benannt nach der Mannheimer Maschinenfabrik Mohr & Federhaff AG und Zeuge des vergangenen Industriezeitalters. Statt zu malochen, genießen die Menschen heute ihre Freizeit am Hafenbecken. Einmal jährlich findet das Preußenhafenfest statt. Auf verschiedenen Bühnen wird ein Unterhaltungsprogramm präsentiert und natürlich gibt es Kuchen, Pommes und Bier. Aber auch zu jeder anderen Zeit lohnt sich ein Besuch.

Gut einen Kilometer entfernt befindet sich die S-Bahn-Station Preußen. Parkplätze gibt es an der nahe gelegenen Horstmarer Seenplatte mit Strand und Liegeplätzen. Viele nutzen zur Anfahrt das Rad: Etwa 20 Minuten braucht es von der Innenstadt in Lünen. Von Kamen aus radelt es sich besonders schön an der Seseke entlang. Den Weg von und nach Dortmund findet man stilecht über die Gneisenau-Trasse, auf der einst Kohlen in Bahnwaggons befördert wurden. Nun dient sie Radlern und Fußgängerinnen als abwechslungsreicher Weg durch Siedlungen und Grün. Ziel ist die Halde in Derne, an deren Rand zwei Schaukeln stehen. Ein luftiger Spaß; grandioser Ausblick inklusive!

Vor der Rückfahrt stärkt man sich noch einmal am Kiosk im Preußenhafen. Kaffee gibt es, und, wie könnte es anders sein, Bier und „Pommes Schranke" mit Mayonnaise und Ketchup. Umweltfreundlich sind die Behälter aus Pappe und die Holzgäbelchen zudem. Da schmeckt es gleich noch einmal so gut.

● Preußenhafen, Hafenstraße, 44532 Lünen
● ÖPNV: ab Dortmund Bahnhof RB50 oder 51 bis Lünen-Preußen Bahnhof,
ca. 20 Min. Fußweg

Heute

Hausgemachte
gefüllte

Paprikaschote
mit
Reis

6,90

Ein Hauch von Mittelalter

24 Die Burg Mark in Hamm

Eine Burg mitten in Hamm? Da denkt man doch gleich an Ritterfestspiele, schöne Burgfräulein und den Minnesang. Inmitten der Ahseauen erhebt sich der Hügel, auf dem sich die hölzerne Burg Mark im Mittelalter befand. Der künstlich angelegte Hügel ist von einem breiten Graben umgeben. Er sollte feindliche Angreifer abhalten. Früher führte über den Graben eine hölzerne Zugbrücke. Über 27 Stufen steigt man hoch und betritt durch das Einlasstor das Innere der Anlage. Dominiert wird der Innenhof von einer mächtigen Linde. Gab es die schon im Mittelalter? Auch den Stein unter der Linde? Wenn man sich genau auf ihn stellt und spricht, erklingt die Stimme verstärkt. Die Burgmauern wirken als Mikrofon. Man kann Gedichte deklamieren oder Geräusche machen. Nicht nur Kindern macht das Spaß.

TIPP

Für Wanderfreudige und Radfahrer gibt es einen Start- und Zielpunkt samt Karte am Haupttor.

Zur Burg gelangt man über eine Eichenallee. An ihrem Beginn informiert ein Schild über die Besonderheiten des Ortes: Die Anlage ist eines der eindrucksvollsten Bodendenkmäler und eine der am besten erhaltenen Turmhügelburgen Nordwestdeutschlands. Von hier aus gründete Graf Adolf I. von der Mark die Stadt Hamm. Damit man sich vorstellen kann, wie es früher ausgesehen hat, sind die Umrisse der Burg mit Eisenplatten angedeutet, deren Außengefache mit Sandsteinen gefüllt sind. Aus diesen Steinen bestand die mittelalterliche Schutzmauer. Mit ein wenig Fantasie lässt sich ausmalen, wie die Menschen hier einst gelebt haben. Den ehemaligen Palas, den Thronsaal, deuten Bodenplatten an, auf denen zwei stilisierte Throne aus Sandsteinquadern stehen, für Adolf I. und seine Gattin.

Von hier oben sieht man heute in den weitläufigen Ahseauen Hunde tollen und Kinder spielen. Für Spaziergänger gibt es Bänke zum Ausruhen. Überdachte Areale laden inmitten von Blumenwiesen mit Schmetterlingen und Insekten zum Picknick ein. Über die Wege hüpfen, ganz ohne Scheu, Rotkehlchen. Im Sommer erfüllt ein vielstimmiges Vogelkonzert die Luft, begleitet vom Quaken der Frösche aus dem Burggraben. Eine wahre Oase für die Erholung aller Sinne.

● Burg Mark, Hauptzugang von der Soester Straße, 59071 Hamm, www.hamm.de
● ÖPNV: ab Hamm Bahnhof Bus 6 und 13 Richtung Maximilianpark,
Haltestelle Friedhof/Mark, ca. 5 Min. Fußweg

Frankreich trifft Westfalen

25 ## Die Genusswerkstatt im Mallinckrodthof in Borchen

Mitten im Ort liegt ein verträumtes Fachwerkensemble, umgeben von einer Gräfte mit frischem Quellwasser. Enten paddeln darin und schlagen muntere Wellen, in denen sich Sonnenstrahlen spiegeln. Häuschen aus alter Zeit reihen sich ringsherum und erinnern an die ehemalige Hofstätte. Die wohltuende Ruhe dieses historischen Ortes umfängt uns sogleich. Eine Idylle wie aus dem Bilderbuch.

Etwas versteckt an der hinteren Seite des Oberhauses betritt man die Genusswerkstatt. Ein lichtdurchfluteter Raum mit anheimelnder Atmosphäre empfängt den Gast. Der Chef des Hauses hat sich hier seinen Traum erfüllt. Zuvor leitete André Cramer lange Zeit ein traditionsreiches westfälisches Restaurant in Paderborn. Als er vor einigen Jahren den Wunsch nach Neuem verspürte, erinnerte er sich an seine Wurzeln.

TIPP

Der Alme-Radweg liegt nahebei, ebenso die Wewelsburg, an der er vorbeiführt.

Seine Wiege stand im Süden Frankreichs, im Baskenland. Dort, wo es die meisten Sterneköche pro Kopf geben soll, lernte er schon als Kind das Kochen lieben. Opa Pepe war daran nicht ganz unbeteiligt. So lag es nahe, die feine französische Küche mit der westfälischen zu vereinen. Herausgekommen sind leichte und dennoch herzhafte Spezialitäten, die es so wohl nirgendwo anders zu finden gibt. Und das zu bodenständigen Preisen.

Hausherrin Elke Temme-Cramer hat die wundervolle Einrichtung entworfen. Rustikale Tischplatten aus Altholz und gepolsterte Stühle mit gediegener Chesterfield-Steppung schaffen ein behagliches Ambiente. Es lädt, wie die bereitliegende Literatur, zum längeren Verweilen ein. Aus ihrem Atelier stammen auch einige der ausgestellten Bilder. Die Meisterin für Paramentenstickerei verwöhnt die Gäste mit ihrer Kreativität und ihrem Sinn für das Schöne. Wer sich beim Schlemmen von Genießertorte und Kaffee in die stilvolle Dekoration verliebt, kann sie teilweise auch kaufen. Ein Wohlfühlkonzept, auch als Inspiration für das eigene Zuhause.

Im Sommer lädt der Biergarten Radfahrer zur Rast ein. Unter alten Bäumen mit Blick auf den Rosengarten können hier alle Sinne im Genuss schwelgen.

● Genusswerkstatt im Mallinckrodthof, Mallinckrodtstraße 6, 33178 Borchen, Tel. (0 52 51) 8 77 57 55, www.genusswerkstatt-borchen.de
● ÖPNV: ab Paderborn Bahnhof Bus R71, Haltestelle Borchen-Nordborchen, Kreuzricke, ca. 5 Min. Fußweg

Heiteres Treiben

26 Der Marktplatz der Hansestadt Kamen

Warum in die Ferne schweifen? Das Urlaubsfeeling ist manchmal nur 10 Minuten entfernt. So lange dauert die Bahnfahrt vom Hauptbahnhof Dortmund nach Kamen. Noch reizvoller ist die Fahrt mit dem Rad durch die Felder entlang der Körne und der Seseke. Unterwegs sieht man den Turm der stillgelegten Zeche Monopol, eines der Kamener Markenzeichen.

Idyllisch im Grünen gelegen, bietet die kleine, feine Hansestadt eine gelungene Mischung aus historischem Gebäudebestand und Moderne, aus Technik und Tradition. Wahrzeichen ist der „Schiefe Turm" der evangelischen Pauluskirche. Unbestrittener Star jedoch ist der Marktplatz. Hier versammeln sich Jung und Alt, parlieren und gestikulieren, die Kinder spielen Ball. Besonders beliebt sind die Sitzplätze auf den Marmorbänken um den auffälligen Brunnen auf dem Platz. Das Kunstwerk heißt „Die Quelle" und wurde vor mehr als 30 Jahren von dem Kamener Goldschmied Gregor A. Telgmann geschaffen. Darin vereint sind die kulturellen Dimensionen der Stadt Kamen: Technik, Kunst, Wissenschaft, Handwerk, Sport und Spiel. Fachwerkhäuser säumen den Marktplatz. Im Ortskern laden kleine, inhabergeführte Läden zum Stöbern ein.

Besonders lohnt sich ein Besuch zum Wochenmarkt am Dienstag oder Freitag. Bereits an der Bushaltestelle stehen Menschentrauben. Gemächlich schlendern ältere Damen und Herren, junge Frauen mit Kopftuch und Männer mittleren Alters durch die Gassen. Da werden Eier und frisches Obst aus der Region ebenso angeboten wie Textilien und Haushaltswaren. Bunt Blühendes stimmt fröhlich am Blumenstand. Natürlich dürfen auch der Käsestand und der Fischwagen nicht fehlen. Kleines Picknick gefällig? Einfach ein Fischbrötchen mitnehmen und auf einer Bank am Sesekepark verspeisen. Alternativ einen Cappuccino trinken oder ein Eis schlecken. Am besten, man sucht sich einen Platz unter den Schirmen der Café-Bar En place am Marktplatz. Von hier aus lässt sich dem heiteren Treiben entspannt zuschauen.

TIPP

Mit dem Rad zur Fünf-Bogen-Brücke an der Seseke fahren.

● Marktplatz, 59174 Kamen
● ÖPNV: ab Kamen Bahnhof Bus C22/C24, Haltestelle Kamen, Markt
oder ca. 10 Min. Fußweg

Mordio!

27

Mord am Hellweg

Wenn Mördergesindel und kriminelle Gestalten durch die Hellwegdörfer ziehen, dann ist endlich wieder Festivalzeit! Europas größtes internationales Krimifestival zieht seit 2002 tausende Krimifans an. Hier werden falsche Fährten gelegt, Beweismittel gesammelt und Täter gestellt. Herzrasen und Knieschlottern sind garantiert, wenn sich Krimiautorinnen und -autoren aus aller Welt ein Stelldichein geben. Berühmte Namen wie Simon Beckett, Arne Dahl oder unsere Grande Dame des Krimi Ingrid Noll waren schon dabei. Auch Newcomer der blutigen Feder sorgen mit ihren mörderischen Zeilen für spannende Krimiabende.

Sigrun Krauß M.A., Leiterin des Kulturbüros Unna, und Dr. Herbert Knorr, damals Leiter des Westfälischen Literaturbüros in Unna, sind die geistigen Eltern dieses Festivals der Extraklasse. Seit 20 Jahren diskutieren und verhandeln sie vor jedem Festival, bis sie sich einig sind über die beste Künstlerauswahl für das nächste Programm. Für ihr großes und kompetentes Engagement wurden sie mehrfach ausgezeichnet. Ihre Bilanz weist über 1500 Veranstaltungen mit über 2000 Lesungen aus, und das Festival wächst stetig. Über 400 Künstler bringen sie mittlerweile pro Saison auf die Bühnen. Neben den Autoren sind auch Moderatoren, Musiker und Chöre mit dabei.

TIPP

Frühzeitig Tickets kaufen, die Veranstaltungen sind schnell ausverkauft.

Mordshäppchen an Bluesvariationen oder Blind Crime Date heißen einige Events, die artgerecht im Bestattungsinstitut, an Bord der Santa Monica oder in unheimlichen Höhlen stattfinden. Immer ausverkauft sind auch die gruseligen Nachtwächterführungen. Je ungewöhnlicher der Tatort, desto begehrter ist er beim Publikum. Auch Sachbücher über kriminelle Fakten, zum Beispiel aus der Feder von Joe Bausch, werden manchmal vorgestellt. Nach über drei Jahrzehnten als Gefängnisarzt, Tatort-Krimistar und charmanter Entertainer sorgt er auch für unterhaltsame Abende. Politthriller, Küstenkrimi oder Cosy Crime – alle Krimigenres sind vertreten. Das Programm ist so vielfältig, innovativ und kreativ zusammengestellt, dass für jeden Krimifan etwas dabei ist.

● Westfälisches Literaturbüro in Unna e.V., Nicolaistraße 3, 59423 Unna, Tel. (0 23 03) 96 38 50, www.mordamhellweg.de

Die Gondeln von Lippstadt

28

„Die Gondeln von Venedig sind unsere Kanus auf der Lippe", scherzt Christian Gamann. Kanus sind seine Leidenschaft und seine Profession. Ein Leben ohne Kanufahren auf der Lippe: möglich, aber für ihn sinnlos. Der Kanuverleiher ist gar nicht zu bremsen, wenn man ihn auf sein Lieblingsthema anspricht. Von Paderborn bis Hamm könne man paddeln, schwärmt er, natürlich in mehreren Tagen. Kürzer gehe aber auch. Je nach Anspruch und Können. Denn auch die Lippe verfüge über Stromschnellen. Die würden gerade noch ausgebaut, weil man wieder Lachse ansiedeln wolle. Die brauchen den Fischaufstieg. Überhaupt ist Gamanns zweite große Leidenschaft die Natur. Er legt Wert darauf, seinen Kunden zu vermitteln, dass es beim Paddeln um ein Naturerlebnis gehen sollte und nicht nur um Sport.

TIPP

Die Kesseler Mühle bei Lippetal, mit Naturzeltwiese, liegt 15 Kilometer mit dem Kanu von Lippstadt entfernt.

Es gibt viel zu sehen auf so einer Kanutour. Sandbänke laden zum Rasten ein. Man darf nur nichts liegen lassen. Dann wieder ist der Fluss so breit, dass man sich auf einem See glaubt. Enten und Blesshühner, flitzende Fische und über dem Wasser tanzende Insekten. Die Äste der Bäume am Ufer ragen oft weit ins Wasser hinein. Ungeübte werden oft unversehens durch die Strömung in das wirre Geäst getrieben. Hat sich das Boot verfangen, heißt es, alle Mann anpacken.

Das Paddeln ist ein besonderes Gemeinschaftserlebnis, vor allem in „brenzligen" Situationen. So sind die Stromschnellen nicht ohne. Wie viel Prozent hier baden gehen? Das komme darauf an, grinst Gamann. Bei gutem Wetter schon mal 80 Prozent. Immer ist die Gaudi groß, wenn sich die triefnassen Paddler zurück ins Boot hieven.

Man kann verschiedene Routen wählen. Die Klassik- und Romantikroute von Lippstadt nach Benninghausen, die normale Route „In the City" von Hörste nach Lippstadt und die Action- und Abenteuerroute bei Paderborn. Gefährlich ist keine der drei. Meist geht einem Erwachsenen das Wasser der Lippe gerade einmal bis zu den Knien. Trotzdem sollte man eine Schwimmweste tragen. Sicher ist sicher. 18.00 Uhr ist Schluss. Die Tiere auf und im Wasser brauchen Ruhe.

● Christian Gamann, Jahnweg 7a, 59555 Lippstadt, Tel. (01 71) 5 80 14 40
● ÖPNV: ab Lippstadt Bahnhof zu Fuß zum verabredeten Ort oder einen organisierten Shuttle nutzen

Süßes an der Lippe

29 Das Café Twin in Lippetal-Herzfeld

Ein Spaziergang oder eine Radtour an der Lippe lohnen sich immer. Auen, Bäume und Sträucher, Störche und mit etwas Glück die Urrinder gibt es zu entdecken. Wer spektakuläre Bauten mag, ist in Lippetal richtig. Der Ortsteil Hovestadt ist geprägt von dem prächtigen Wasserschloss. Hier kann man im Park lustwandeln; das Gebäude selbst ist wegen privater Nutzung nicht zu besichtigen. Für den Barockgarten muss ein Termin vereinbart werden. Einmal über die Lippebrücke, findet sich im Ortsteil Herzfeld die Wallfahrtskirche St. Ida, ein gewaltiges neogotisches Bauwerk aus dem frühen 20. Jahrhundert. Eine Innenbesichtigung lohnt sich!

Wer von so viel Kultur hungrig geworden ist, findet ein kleines Café für den süßen Zahn. Vis-à-vis der Kirche in der Lippborger Straße liegt das Café Twin. Es ist so benannt, weil Zwillinge es führen. Melanie Stratbücker und Bernd Voschepoth übernahmen den Familienbetrieb 2002 von ihren Eltern. Ein verführerischer Duft nach Backwaren weht auf den Bürgersteig. Die Schlange vor der Eingangstür weist darauf hin, dass es hier nur beste Qualität gibt. Hat doch das Team die Nacht zum Tage gemacht, um Leckeres frisch zu backen. Neben Steinofenbrot und Laugenstangen gibt es hier auch die berühmten Twin-Brötchen. Die Dekoration im Eingangsbereich weckt Vorfreude auf den Gaumenschmaus. Verführerisch wird es bei den Torten: Buttercreme, Marzipan und Käsesahne lassen jede Diät vergessen. Fünfstöckige Hochzeitstorten und kerzenförmige Leckereien zur Taufe gibt es auf Bestellung. Nicht umsonst erhielten die Zwillinge 2017 den Titel „Westfälische Konditorei des Jahres". Osterhasen und Nester mit Pralinen bietet der Twin-Shop saisongerecht an. Das Frühlingsbrot mit Rosinen und Mandelscheiben lässt einem das Wasser im Mund zusammenlaufen. Immer freundlich ist die Bedienung, selbst wenn es einmal hoch hergeht. Das hausgemachte Eis ist ein Muss. Mit einem Hörnchen auf der Faust lässt es sich auf einer nahe gelegenen Bank gut pausieren. Sehr zu empfehlen sind auch die Pralinen!

TIPP

Das Café kann von Lippstadt aus auch im Rahmen einer schönen, ca. 16 Kilometer langen Radtour erreicht werden.

● Café Twin, Lippborger Straße 6, 59510 Lippetal, Tel. (0 29 23) 14 41
www.cafe-twin.de
● ÖPNV: ab Soest Bahnhof Bus R36, Haltestelle Herzfeld, Markt

esonderen Genußmomente!

Hochherrschaftlich

30

Das Rittergut Störmede in Geseke

Noch vor wenigen Jahren war das weitläufige Areal mit den Ruinen und den wild wachsenden Bäumen und Sträuchern ein beliebter Spielplatz für Störmedes Dorfkinder. Bis die Überreste des ehemaligen Ritterguts von der Familie Bröggelwirth aus ihrem Dornröschenschlaf erweckt wurden. Das ehemals verfallene Haupthaus bildet heute mit dem Restaurant im Gewölbekeller und den Sälen für Kulturveranstaltungen das Kernstück des Anwesens. Zwei erhaltene Tortürme aus naturbelassenen Bruchsteinwänden lassen die frühere Bedeutung des Gutes erahnen.

Die alte Schutzmauer umgibt heute, instand gesetzt, einen kleinen Park mit Nischen zum Verweilen. Bunte Blühwiesen bilden bis in den Herbst hinein einen reizvollen Kontrast zu dem Grau der Alaskaschindeln des Neubaus und dem gelbgrünen Sandstein der Türme.

TIPP

Für Kulturinteressierte gibt es Konzertabende, Lesungen und Events für Gourmets.

Die gelungene Mischung aus Alt und Neu wirkt harmonisch und lebendig – ein Ambiente zum Wohlfühlen. Im Neubau wurde wegen des Raumklimas mit alten Techniken gearbeitet, mit Lehmputzwänden und Naturmaterialien innen wie außen. Die Rekonstruktion der Ruinen besticht vor allem durch einen respektvollen Umgang mit den alten Gemäuern. Vielfach ist ihr Mauerwerk sichtbar und in die moderne Raumgestaltung integriert. Den Architekten Smolin und Prien-Tepas ist es, zusammen mit dem Bauherrn gelungen, den Charakter des Gutes trotz seiner Funktion als Hotel wieder spürbar werden zu lassen.

Erholungsuchende Großstädter und Familien können in dieser Umgebung leicht den Alltagsstress hinter sich lassen. Die bodentiefen Fenster erlauben einen ungehinderten Blick in den Park und auf die begrünten Dächer. In lauen Abendstunden lässt es sich auf der großzügig angelegten Terrasse vor dem Restaurant an der Gräfte wunderbar entspannen. Wen wundert's, dass viele Brautpaare sich in diesem romantischen Ambiente trauen lassen. Manche lassen sich auch von Radrouten oder dem hier vorbeiführenden Jakobsweg locken. Für alle ist etwas dabei. Zum Glück.

● Rittergut Störmede, Albert-Brand-Straße 3, 59590 Geseke, Tel. (0 29 42) 98 80 80
www.rittergut-stoermede.de
● ÖPNV: ab Bahnhof Lippstadt RB89 nach Geseke Bahnhof, Bus R63,
Haltestelle Störmede Kirche, ca. 5 Min. Fußweg

Fly me to the moon!

31

Die Flugsportgruppe Lünen e.V.

Für jeden Flieger fühlt sich Glück anders an. Für den begeisterten Segelflieger Jan Frese ist es das Einssein mit der Natur. Wenn er in der sommerblauen Weite den Flug genießt, ist alles perfekt. Die grandiose Aussicht, Schwalben und Bussarde als Flugbegleiter, es gibt nichts Vergleichbares. Wer das Leuchten in seinen Augen sieht, glaubt es ihm sofort.

An den Sommerwochenenden kann man an den Lippeweiden Segelflugzeuge bestaunen, die in atemberaubendem Tempo in den Himmel schießen. Genauer gesagt, sie werden von einer Seilwinde gezogen. Hoch oben angekommen, löst sich das eingehakte Seil vom Flugzeug, und der Pilot sucht sich einen Bart, das sind thermische Aufwinde, auf denen der Segler gleitet. Diese Aufwinde entstehen durch warme Luft, die vom Erdboden aufsteigt.

TIPP

Schnuppermitgliedschaft: drei Wochen für 40 Euro, plus 10 Euro je 30 Minuten Flugzeit mit Fluglehrer.

Okay, ohne das Wissen der Piloten geht es nicht. Darum bietet der Verein die Ausbildung dafür an. Körperliche und geistige Fitness und ein Mindestalter von 14 Jahren sind die Voraussetzungen dafür. Entgegen landläufiger Meinung ist das Fliegen hier weder sehr kostspielig noch elitär. Der Flugschein kostet etwa so viel wie ein Autoführerschein. Nach etwa 60 Schulstarts mit den Fluglehrern darf man allein ein Segelflugzeug steuern. Bei regelmäßiger Teilnahme am Flugbetrieb und Theorieunterricht kann man nach etwa zwei Jahren die Prüfung zur Privatpilotenlizenz ablegen. Dann sind auch weite Flüge wie von Lünen nach Lüneburg, an der niederländischen Grenze vorbei und zurück nach Lünen möglich. Oder gar eine Teilnahme am Euroglide über 2500 Kilometer über ganz Europa. Weil alles ehrenamtlich gestemmt wird, lebt das Vereinsleben nicht nur an den Grillabenden von Gemeinschaft. So wurde die Seilwinde selbst konstruiert, zusammengeschraubt und auf einem umgebauten Feuerwehrauto installiert. Dort sitzt heute an den Flugtagen noch eines der Gründungsmitglieder, mittlerweile 88 Jahre alt, und bringt die Segelflieger hinauf in den Himmel. So macht Vereinsleben Spaß! Für Neugierige werden auch Gastflüge angeboten.

⬤ Flugsportgruppe Lünen e.V., Moltkestraße 78a, 44536 Lünen, Tel. (0 23 06) 1 89 81
www.fsg-luenen.de
⬤ ÖPNV: ab Lünen Bahnhof ca. 25 Min. Fußweg, zum Flugfeld rechts vom Hangar am Feld entlang

Paris in der Provinz

32

Die Kulturschmiede in Fröndenberg

Gespannt warteten im Oktober 2007 die geladenen Gäste während der Eröffnungsfeierlichkeiten auf die Enthüllung der Paris-Skulptur von Markus Lüpertz. Verhandlungen waren hin und her gegangen zwischen dem neu gegründeten Verein „Kultur für Uns" und dem Künstler. Bis der schließlich zustimmte und seinen „Paris" dem Verein als Dauerleihgabe überließ. Dabei handelte es sich allerdings nicht um die Bronzeskulptur selbst, die der Künstler im Auftrag für Berlin angefertigt hatte, sondern um die Gipsform, nach der die Skulptur gegossen worden war. Normalerweise wird diese nach dem Gießen zerstört. Nun steht sie, vom Künstler selbst bemalt, auf einem Sockel in dem – natürlich – nach ihm benannten Saal. Lüpertz fertigte auch Grafiken der Skulptur an, deren Verkaufserlös er für den Bau des Saales spendete.

TIPP

Im Sommer finden im großen Innenhof des Fabrikareals auch Open-Air-Veranstaltungen und Filmvorführungen statt.

Der neue Veranstaltungsraum war dringend notwendig geworden, weil die Räumlichkeiten im Kettenschmiedemuseum aufgrund des steigenden Interesses an Kulturveranstaltungen zu klein geworden waren. Ein Teil des fünfgiebligen Strohlagers der ehemaligen Papierfabrik bot sich als Erweiterungsraum für die geplante Kulturschmiede an. 170 Personen fasst der Saal und steht allen Vereinen der Stadt für Kulturelles zur Verfügung. Hier finden zum Beispiel Theateraufführungen für Kinder statt. Die Musikreihe kann sich sehen lassen. Die Bandbreite der Konzerte reicht von Barockmusik bis Folk, vom klassischen Klavierkonzert bis Jazz. Heimische Gruppen und internationale Namen treten hier auf. Immer achten die Verantwortlichen auf die Qualität der Veranstaltungen. An den Wänden im Vorraum hängen Bilder verschiedener Künstlerinnen und Künstler. Hier wurde auch die Idee der „Kunst an Ketten" geboren. Der afrikanische Künstler Jems R.K.Bi schuf während eines Workshops Holzfiguren, um die er Ketten unterschiedlicher Dicke legte. Das Kunstwerk weckt die Kreativität der Betrachtenden. Wer will, kann eine Kette hinzufügen oder wegnehmen. Kunst macht frei – und Spaß.

....

● Kulturschmiede Fröndenberg, Ruhrstraße 12, 58730 Fröndenberg,
Tel. (0 23 73) 8 20 04, www.tourismus-froendenberg.de
● ÖPNV: ab Bahnhof Unna RB54 bis Fröndenberg Bahnhof,
ca. 10 Min. Fußweg zum Himmelmannpark

arkus - Lüpertz - Sa

Ganzheitlicher Genuss

33

Hofladen Natura und Café Alte Schule auf Schloss Hamborn

Wer Einkaufen, Gaumenfreude und Erholung verbinden möchte, ist hier goldrichtig. Auf Schloss Hamborn gibt es eine solche Vielzahl an Betrieben, dass man gut einen ganzen Tag hier verbringen kann. Bei der Ankunft fällt zuerst der Hofladen Natura auf. Hier muss man die Bioprodukte nicht erst suchen. Ob Brot oder Gemüse, Eier, Fleisch, Wurst oder Käse – alles stammt aus dem eigenen Bioanbau und der eigenen Tierzucht nach Demeter-Richtlinien. Die Produkte sehen allesamt frisch und sehr appetitlich aus. Auf Nachhaltigkeit wird hier großen Wert gelegt. Auch Kosmetika, Wein und ein umfangreiches Sortiment anderer Lebensmittel werden in Bio- oder Demeterqualität angeboten. Der Hofladen ist hell und freundlich eingerichtet und die Mitarbeiter sehr sympathisch und hilfsbereit. Man findet alles für den Wocheneinkauf, so macht das Einkaufen Freude.

TIPP

Am besten die Website vor dem Besuch durchstöbern und eventuell den Termin planen.

Gleich gegenüber bietet das Café Alte Schule einen Mittagstisch an und nachmittags verlocken leckere Kuchen zum Kaffeepläuschchen. Ob Torten oder warme Gerichte, alles ist selbst gemacht und stammt ebenfalls von nebenan aus dem eigenen Anbau. Regionaler geht es nicht. Drinnen ist es gemütlich eingerichtet und auch draußen kann man bei Sonnenschein eine Genießerpause einlegen.

Die Werkgemeinschaft besteht auch noch aus einer Gärtnerei und einem Obsthof, wo Pflanzen, Blumen, Gewürze und Tees verkauft werden. Des Weiteren aus einer Schreinerei und einer Auto- und Fahrradwerkstatt, die gern Aufträge entgegennimmt. Inekes Lädchen bietet Naturtextilien und Öle, der Second-Hand-Laden Ringeltaube Kleidung und ein Antiquariat. Wer mag, darf nebenan auf dem Schülerhof die Tiere besuchen und in der transparenten Landwirtschaft beim Melken zusehen, die Ställe stehen offen.

Schloss Hamborn bietet auch Lebens- und Wohnräume, hier wird Inklusion gelebt. Zudem gibt es eine Reha-Klinik, einen Kindergarten, ein Landschulheim und Bildungseinrichtungen. Und die wunderschöne waldreiche Umgebung lädt zum Spazierengehen und Radfahren ein.

● Schloss Hamborn Rudolf Steiner Werkgemeinschaft e. V., Schloss Hamborn 5, 33178 Borchen, Tel. (0 52 51) 38 91 08, www.schlosshamborn.de
● ÖPNV: ab Bahnhof Paderborn Bus 479, Haltestelle Schloss Hamborn, Mitte

Unsere Hühner
mächen was sie wollen un
legen richtig leckere Eier.

NATURA

Blumige Idylle

34

Der Rosengarten Naturkultur in Lippstadt-Bökenförde

Am Ortsrand des Städtchens. Bökenförde steht ein alter Bauernhof. Hier, wo Kühe unter knorrigen Apfelbäumen grasen, weist ein stilvolles grünes Schild den Weg zum Blumenparadies. Links der Einfahrt liegt eine Weide, von der die Schwarzweißen gemütlich kauend herüberschauen, rechts empfängt uns der rote Backsteinbau mit vorgelagertem Garten. Märchenhaft romantisch ist es hier. Was erwartet uns wohl hinter der Hecke?

Der ehemalige Kuhstall wurde umgebaut und beherbergt jetzt eines der schönsten Blumengeschäfte der Region. Drinnen ist es hell und freundlich, mit wunderhübschen Blumenarrangements geschmückt. Die bodentiefen Sprossenfenster wirken wohnlich und geben den traumhaften Blick auf Garten und Weide frei. Im modernen Landhausstil gibt es neben hochwertigen Glasvasen und Keramiktöpfen weitere Deko-Artikel namhafter Hersteller. Inspiration für das eigene Zuhause soweit das Auge reicht.

TIPP

Es werden auch jahreszeitliche Workshops angeboten, für die eine rechtzeitige Anmeldung zu empfehlen ist.

Immer wieder drehen wir unsere Runden durch das Geschäft und können uns nicht sattsehen an der kreativ-geschmackvollen Ausgestaltung. In der Adventszeit ist es besonders stimmungsvoll. Kerzenschein funkelt in Baumkugeln und spiegelt sich in den Fenstern wider. Würziger Duft von Tannennadeln und Kiefernzweigen kitzelt die Nase und die Aromen vom Adventstee ziehen durch die Räume. Ob Kranz oder Gesteck, Kerzenhalter oder Engel, alles ist ein Traum von Weihnachten. Ebenso herrlich ist es im Frühjahr, Sommer und Herbst. Denn das Geschäft und der Außenbereich werden saisonal entsprechend herausgeputzt, immer frisch und handwerklich perfekt komponiert. Wer Blumen und schöne Dinge liebt, mag hier nicht wieder weggehen.

Wo ihre Eltern noch Nutztiere hielten und die Felder bestellten, hat Floristikmeisterin Uta Schulte-Arens sehr erfolgreich ihren Traum vom Blumengeschäft verwirklicht. Ob Hotellobby oder Hochzeitstisch, viele Stammkunden überlassen ihr die Ausgestaltung ihrer Blumenwünsche. Welch ein glücklich machender Ort!

● Rosengarten Naturkultur, Rüthener Straße 46, 59558 Lippstadt,
Tel. (0 29 41) 1 80 30 und (01 72) 2 78 75 58, www.rosengarten-naturkultur.de
● ÖPNV: ab Lippstadt Bahnhof Bus R62, Haltestelle Bökenförde Friedhofstraße,
ca. 5 Min. Fußweg

Landglück für Groß & Klein

35 Der Hof Sümmermann in Frömern

Nur 20 Autominuten und 1,5 Stunden mit dem E-Bike von Dortmund entfernt findet es sich – das perfekte Glück für Groß und Klein. Hof Sümmermann bietet, was das Herz begehrt: Kunst und Kunstgewerbe, Essen und Trinken. Antiquitäten zum Stöbern, Natur und Tiere. „Landleben von seiner schönsten Seite", lautet das Motto.

Die Kunsthandwerkerinnen Nicole Ring und Dagmar Knappköter-Esch haben auf Hof Sümmermann ihr Glück gefunden. Wo 40 Jahre zuvor noch ein Miststall war, haben sie ihr Hofatelier eröffnet. Frau Ring ist eine Meisterin der „Wortkunst": Aus ummanteltem, farbigem Draht formt sie Buchstaben und daraus Lieblingswörter. Knappköter-Esch druckt Porträtfotos auf Stickrahmen aus. In Workshops dürfen die Teilnehmerinnen diese kunstvoll verzieren. „DIY"– „Do it yourself", so lautet die Einladung an alle, weil selbst gemachte Geschenke immer noch am persönlichsten sind. Auch die Kinder haben ihren Spaß. Sie dürfen im Atelier nach Herzenslust ihre Ideen ausleben, selbstverständlich unter freundlicher und fachkundiger Anleitung.

Der Besitzer des Gehöfts in Frömern, Karl-Heinrich Sümmermann, hat den Hof geerbt. Landwirtschaft war nicht sein Metier, und so hat er die Restaurierung des Fachwerkgemäuers engagiert vorangetrieben. Der Hof steht nun Kreativen zur Verfügung, die damit andere beglücken. Wetterfeste Fotos beispielsweise bietet der Fotograf Michael Abraham an. Direkt daneben lassen sich in der Borowski Galerie „schräge Vögel" als Glaskunst bewundern. Galerie Schöber stellt Gemälde aus. Spaß macht es, bei Antik Reppel nach restaurierten Möbeln und hübschen Gläsern zu stöbern. In der Modescheune lässt es sich gut einkleiden. Natürlich kommt auch das leibliche Wohl nicht zu kurz: In der Vinothek gibt es Tarte und Tapas zu einem Glas guten Wein. Kaffee und Kuchen lässt man sich entspannt im Hofcafé Lieblingsplatz schmecken. Das Café war übrigens mal der Schweinestall. Zum Glück weist nichts mehr darauf hin. Dabei gibt es durchaus Tiere auf dem Hof: Kühe und Hühner, die die Kinder füttern dürfen. So wird Hof Sümmermann zu einem Ausflugsziel für die ganze Familie.

....

● Hof Sümmermann, Von-Steinen-Straße 1, 58730 Fröndenberg
www.hof-suemmermann.de
● ÖPNV: ab Unna Bahnhof RB54 bis Bahnhof Frömern, ca. 10 Min. Fußweg

Residieren wie die Fürsten

36

Schloß Gehrden in Brakel-Gehrden

Nicht ohne Grund ließ sich Jerome Bonaparte an diesem wunderschönen Ort nieder. Vor rund 200 Jahren baute er das Benediktinerinnenkloster zu einem barocken Schloss um. Das traumhafte Anwesen schmiegt sich wie eine Perle in die Naturparks Teutoburger Wald und Eggegebirge.

Den Überlieferungen nach wurde hier schon seinerzeit lustvoll gefeiert. Auch heute strahlt das Schloss Leichtigkeit und Muße aus. Ein imposantes Eingangstor, helle Fassaden aus Sandstein und historische Baukultur empfangen die Besucher. Eingebettet in einen Landschaftspark mit vielen Rosen und uraltem Baumbestand spiegelt das Anwesen die Schönheit auch in seinem Inneren wider.

Wohl und geborgen fühlt man sich in diesem herrschaftlichen Haus.

TIPP

Ein Elektro-Retrokäfer kann für Touren ausgeliehen werden.

Stilvoll und mit viel Gespür sind die Gasträume eingerichtet. Unter dem Kreuzgewölbe befand sich einst der Kreuzgang des Klosters, heute beherbergt es die Brasserie mit fein eingedeckten Tischen. In der früheren Äbtissinenküche, im Weinkeller oder in der Orangerie lässt es sich privat und geschäftlich ungezwungen beisammen sein. Gern kommen die Gäste auch zur Kaffeezeit hierher, gibt es doch eine große Auswahl köstlicher Torten zu schlemmen. Eine malerische Aussicht lockt im Sommer auf die Terrasse, von der aus man über den Park bis hinüber zur Kirche schauen kann. Wenn hier das zweitgrößte Glockengeläut Westfalens erklingt, ertönt eine historische Glocke aus der Gründungszeit des Klosters im 12. Jahrhundert. Die geschichtsträchtigen Gebäude haben eine magische Anziehungskraft mit Wohlfühlfaktor. Mit exklusivem Komfort und teilweise antiquarischem Mobiliar sind auch die Hotelzimmer ausgestattet – Tradition und Moderne im harmonischen Einklang.

Auch die Umgebung verlockt: Für Aktive bietet das waldreiche Land schöne Wanderwege. Auf dem Rundweg Nieheimer Kunstpfad können in etwa 3,5 Stunden versteckte Kunstwerke erkundet werden. Für ein Picknick in der Natur verwöhnt das Hotel seine Gäste mit Lunchpaketen. Hier findet jeder Gast Erholung, Wohltat und Genuss pur.

• Hotel Schloß Gehrden GmbH, Schlossstraße 6, 33034 Brakel,
Tel. (0 56 48) 96 32 00, www.schloss-gehrden.de
• ÖPNV: ab Willebadessen-Peckelsheim Busbahnhof Bus R72,
Haltestelle Schloß, Brakel-Gehrden

Fährmann, hol über!

37 Die Fähre Lupia bei Hamm

„Fährmann, hol über!" So hieß es in früheren Zeiten, wenn man mit der Fähre über die Lippe setzen wollte. Nur: Auf der Lupia gibt es keinen Fährmann. Hier ist die eigene Muskelkraft gefragt. An einer langen Eisenkette zieht man sich, vorschriftsmäßig zu zweit, auf die andere Seite. Welch ein Spaß, zumal die Strömung des Flusses die eigenen Bemühungen unterstützt. Zumindest, wenn die Lippe viel Wasser führt und die Strömung entsprechend stark ist. Bei Niedrigwasser muss man sich mehr anstrengen. Wanderer aus den Lippeauen gelangen mit der Lupia weiter zum Schloss Oberwerries oder umgekehrt. Von November bis März ruht die Fähre.

2013 wurde die grasgrün gestrichene Fähre an dieser Biegung der Lippe in Betrieb genommen. Die Konstruktion der Lupia ist einfach.

TIPP

An beiden Ufern bieten Info-tafeln viel Wissenswertes über Fauna und Flora der Lippeauen.

Das Tragseil, eine Stahltrosse, ist an beiden Ufern befestigt. Es wird über Rollen geführt. Das Fahrseil ist eine lange Eisenkette, die durch Ösen läuft. So einfach, so praktisch. Wieso aber gelingt es dem Paar auf der anderen Seite nicht, die Fähre an Land zu ziehen? Sind sie zu schwach? Haben sie die falsche Technik? Selbst ein Anfeuern bleibt ohne Wirkung. Die Fähre will einfach nicht anlanden. Dazu regnet es in Strömen. Nur das Grün der Fähre leuchtet. Verstärkung naht. Doch auch zu viert bleiben alle Bemühungen vergebens. Aber aufgeben? Nein. Schließlich locken Kaffee und Kuchen im Schlosscafé.

Endlich! Des Rätsels Lösung! Um der Strömung des Flusses nachgeben zu können, ist die Eisenkette sehr lang. Es stellt sich heraus, dass sie sich auf dem Boden der Fähre verknäult hat; ein dicker Knoten ist entstanden. Er verhindert, dass man die Fähre nah genug ans Ufer ziehen kann. Zum Glück wartet auf der anderen Seite ebenfalls ein Paar. Das zieht die Fähre heran. Es gelingt den beiden tatsächlich, den Knoten zu lösen. Flugs die Fähre auf die andere Seite gezogen. Ein roter Regenschirm gibt dem Szenario eine fröhliche Note. Die einen setzen ihren Weg Richtung Schloss fort, die anderen Richtung Lippe-auen, alle mit einem Lächeln auf den Lippen.

....

● Lupia-Fähre, Schloss Oberwerries
● ÖPNV: ab Hamm Bahnhof Bus R37, Haltestelle Schloss Oberwerries, ca. 20 Min. Fußweg, der Ausschilderung folgen

Alles bio oder was?

38 Das Restaurant hier und jetzt in Soest

In jedem Lokal dieselben Speisen? Nicht in jedem! Denn an diesem Ort behauptet sich ein Klein-Gallien. Eine Enklave der frischen, modernen Küche hat sich mitten in Soest etabliert. Für kulinarische Genießer mit Werteanspruch.

Im „hier und jetzt" geht es wertschätzend zu. Aus Überzeugung für gesunde Ernährung und fairen Einkauf sowie aus Respekt gegenüber der Umwelt. Die Gründer führten seit Längerem den Bioladen Lebensgarten. Ihr neues zeitgemäßes Restaurant entsprach ihrer Lebenseinstellung gleichermaßen. In dem schnuckeligen Städtchen Soest, wo man überall westfälische Tradition fühlt, wagten die Initiatoren den Schritt in eine frische Art Gastronomie. Wo malerische Fachwerkhäuschen sich aneinanderreihen, übernahmen sie ein verstecktes Lagerhaus direkt neben einem historischen Bunker. Heute erwartet uns der Charme eines begrünten und lauschigen Innenhofes. Innen wird das Konzept bei der Einrichtung in Form von heimischer sauerländischer Eiche und Lehmverputz an den Wänden fortgeführt. Verwendet werden nur Bioprodukte aus regionaler Erzeugung. Erst recht in der Küche. Denn heute speist man gern nicht nur lecker und gesund, sondern auch mit einem guten Gewissen. Wichtig sind ein natürlicher Anbau wie auch eine artgerechte Haltung der Tiere. Im biozertifizierten „hier und jetzt" gelingt das bestens.

TIPP

Jeden ersten Freitag im Monat gibt es den „Tasty Friday" mit Snacks, Drinks und guter Laune.

Schon zum Frühstück wird geschlemmt: Rührei mit Montello-Käse, Müsli mit Feige und Aprikose oder ein Obstsalat, das Angebot ist so vielfältig, dass wohl jeder Wunsch erfüllt werden kann. Mittags dürfen sich die Gäste über saisonales Gemüse mit oder ohne Fleisch und immer wechselnde Gerichte freuen. Alles wird frisch zubereitet, auch die Torten sind selbst gemacht. Die gibt es ganztägig und dazu eine feine Auswahl an Kaffee- und Teespezialitäten.

Zur bewussten Lebensweise gehört ein kollegiales und zugewandtes Miteinander. Das spüren die Gäste. In dem heute von drei Geschäftsführerinnen geleiteten Lokal ist das Klima offen und freundlich. Perfekt zum Ausspannen, Genießen und Glücklichsein.

● Restaurant hier und jetzt, Nötten-Brüder-Wallstraße 21, 59494 Soest, Tel. (0 29 51) 5 99 18 99, www.hier-und-jetzt.bio
● ÖPNV: ab Soest Bahnhof ca. 5 Min. Fußweg

Wasser-Reich

39 Gesekes Quellen

Von der Bedeutung der mittelalterlichen Grenzstadt Geseke ist heute zunächst wenig zu erkennen. Erst der wache Blick der Besucher entdeckt die Schätze der Stadt: die hoch gelegene Stiftskirche mit Kreuzgangresten, alten Grabplatten und Stiftsschule, das ehemalige Franziskanerkloster, den Hellweg mit seinen üppigen Fachwerkhäusern. Ein zweiter Blick auf das ehemalige Handelshaus, heute das Hellweg-Museum, lohnt sehr. In dem prächtigen Ackerbürger-Hallenhaus von 1664 gibt es einen schönen Saal mit verzierten Balken und bleiverglasten Fenstern. Direkt darunter der Gewölbekeller aus dem Mittelalter, der Fossilien aus den Steinbrüchen und Fundstücke aus den umliegenden Kiesgruben und Steinbrüchen beherbergt – ein Kindermagnet.

Das Besondere an Geseke jedoch ist ein Naturphänomen, das sich aus der geologischen Beschaffenheit des Haarstrangs erklärt. Aus den Hohlräumen seines Karstbodens tritt das unterirdisch abfließende Wasser in 60 Quellen in Geseke wieder zutage. Ein Bach entsteht. Lange war dieser einbetoniert und verrohrt. Erst 2009 wurde er befreit. Seitdem fließt er wieder ungehindert in seinem mit Steinquadern gefassten Bett. Fünf Quellen sprudeln allein im Rosenteich, zur Freude der Enten und Schwäne, die sich in dem klaren Quellwasser sichtlich wohlfühlen, und zur Freude der Menschen, die das muntere Treiben beobachten.

Kurzweilig ist es, am Bach entlangzuspazieren. Informationstafeln erläutern die Entstehung der Quellen und unterhalten durch kleine Geschichten rund um das Gewässer. Man erfährt, dass in Geseke die Kinder nicht vom Klapperstorch gebracht, sondern aus dem Blauen Kolk geholt werden. Am wieder aufmontierten Mühlrad der Stiftsmühle wird man über die Energiegewinnung in Geseke informiert. An vielen Tafeln lässt sich das Spiel Früher–Heute spielen. Alte Fotos zeigen den früheren Zustand des Baches. Am Ende des ausgebauten Bachs lädt ein kleiner Park zum Verschnaufen auf Bänken oder zum Toben an Spielgeräten ein. Wenn dann noch das Wetter mitspielt …

TIPP

Im Hellweg-Museum werden auch Kindergeburtstage ausgerichtet.

● Der Bach befindet sich unterhalb des Hügels der Stiftskirche im Zentrum.
● ÖPNV: ab Hamm Bahnhof RB89 bis Geseke Bahnhof, kurzer Fußweg ins Zentrum

Entspannt unterwegs

40

Mit dem Rad von Unna nach Werl

Wer von der Hansestadt Unna die 19 Kilometer zur Wallfahrtsstadt Werl radeln will, folge der Beschilderung. Leicht bergan geht es auf der Morgenstraße bis zum Kleingartenverein „Lebensfreude". Achtung: den Abzweig links an der Tennishalle nicht verpassen! Danach radelt man durch die Felder. Der Weg führt längs der Bahnlinie, vorbei an Raps, Mais oder Weizen, je nach Jahreszeit. Weiter geht es durch Alleen, meist autofrei, vorbei an Bauernhöfen und Fachwerkhäusern. Manchmal weht eine leichte oder frischere Brise, die die Haut kühlt. Ein Duft nach Gras, Heu und trockenen Gräsern steigt ab und zu in die Nase. Auch spirituell Interessierte kommen auf ihre Kosten: Häufig zeigt sich am Wegrand die gelbe Muschel auf blauem Grund, Symbol für den Jakobsweg.

TIPP

Zurück nach Unna geht es von Flierich aus über die Bahntrasse.

Etwa 4 Kilometer vor Werl empfiehlt sich ein kleiner Abstecher nach Holtum. Auf einem der Türme der katholischen Kirche St. Agatha zeigt sich der „Holtumer Engel". Von der Seite aus sichtbar, strahlt er bei Sonnenschein golden in die Wolken. Wer den Innenraum der Kirche betritt, findet einen Ort der Meditation vor, in dem Licht, Musik und Stimmungen eingestellt werden können. Hier können auch Pilger mit einem Stempel diese Station des Jakobswegs besiegeln.

Auf diese Weise freundlich gestimmt geht es eine Ortschaft weiter nach Büderich. Dort findet sich die markante St. Kunibert-Kirche. Erbaut wurde sie im 19. Jahrhundert auf dem Grund einer romanischen Kirche, die baufällig geworden war. Für die kleine Ortschaft wirkt sie fast überdimensioniert. Grimmig schauen Drachen und Dämonen vom Dach auf den Kirchplatz, finstere Zeugen vergangener Zeiten. Fast meint man, sie wollten sich auf die Vorbeikommenden herabstürzen. Zum Glück sind sie gut befestigt und stellen keine Bedrohung dar.

Wer sich stärken will, findet im Ort Imbiss, Bäckerei und die Landgaststätte Neue Linde. Von hier sind es nur noch wenige Kilometer bis nach Werl mit der malerischen Altstadt. Als attraktives Ziel wartet hier die monumentale Wallfahrtskirche Mariä Heimsuchung.

● Start am Bahnhof in Unna
● ÖPNV: Bahnhof Unna

Erholung, Pause, Camping

41 Der Freizeit- und Wohnpark am Lippesee

Schnell mal raus aus der Stadt? Hier am Lippesee ist die Auszeit ganz nah. Egal wie man anreist, mit dem Zelt im Gepäck, mit dem Wohnwagen oder im Wohnmobil, hier gibt es für jeden ein Plätzchen auf der Wiese mit eigenem Bad. Kein Zelt oder rollendes Heim vorhanden? Macht nichts, das alles lässt sich hier mieten. Und noch mehr: Tinyhäuser, Blockhäuser oder Wohnfässer stehen für Campingfreunde bereit. Modern und gemütlich eingerichtet, mit allem was der Camper wünscht. Für noch mehr Entspannung sorgt das Restaurant Thune-Aue direkt auf dem Platz. Da kann die eigene Küche gern mal kalt bleiben.

Eingebettet zwischen Wald und Feldern liegt der Platz direkt am See und bietet Spaß für alle Wassernixen. Einige Häuschen stehen am kleinen Bachlauf, der sich leise plätschernd seinen Weg zum Lippesee sucht. So idyllisch! Wer mag, leiht sich ein Kanu und erkundet den See. Es gibt einen Bootshafen und die größte Wasserskibahn weit und breit. Sie lieben es ein bisschen exotischer? Sehr gern! Am See findet sich auch der Salitos Beach samt Strandbar. Hier gibt es im Sommer Abende mit Reggaemusik und Foodtrucks. Ganz nahe liegt auch das Bistro Seemöwe mit seinen beliebten Fischgerichten und Livemusik zum Chillen.

TIPP

Für Gruppen bis zu 300 Personen gibt es separate Küchen- und Sanitäreinrichtungen.

Die Inhaber des Campingplatzes leben Nachhaltigkeit und Umweltbildung vor. Dafür nimmt Familie Brusche am NRW-Projekt „Ecocamping" teil und erhielt für vorbildliches Handeln sogar schon eine Auszeichnung.

Wer das Campen einmal ausprobieren möchte, leiht sich vor Ort alles aus. Ob Fahrrad oder Gruppenpavillon, es fehlt an nichts. Auch an Freizeitaktivitäten hat die Region viel zu bieten. Ein Besuch im Kloster Dahlheim, eine Wanderung zum Hermannsdenkmal oder eine Tour zu den Emsquellen, langweilig wird es hier nicht. Das mag der Grund dafür sein, warum sich einige Gäste entschlossen haben, dauerhaft hier zu leben. Der Platz an der Lippeaue nimmt auch Dauergäste auf. Und wenn man nach ein paar Wochen wieder abreist, träumt man schon vom nächsten Urlaub am schönen Lippesee.

● Freizeit- und Wohnpark am Lippesee, Hermann-Löns-Straße 165, 33104 Paderborn, Tel. (0 52 54) 1 06 38, www.lippesee-camping.de
● ÖPNV: ab Paderborn Bahnhof Bus 68, Haltestelle Paderborn-Sande Schule, ca. 20 Min. Fußweg

Rabatz im Zauberwald

42

Die Waldbühne Heessen

Der Besucherstrom will kein Ende nehmen, schließlich fasst die überdachte Waldbühne Heessen 1700 Personen. Es ist kühl. Decken und Kissen werden ausgebreitet, Thermoskannen mit Heiß- und Kaltgetränken herausgeholt. Proviant wird vorsorglich verteilt. Erwartungsvolles Murmeln und Lachen. Dann: ein Kreischen. Raafiii! Die Hexe. Sie ruft nach ihrem Diener Raffzahn, einer Ratte. Seit die Hexe den Märchenwald vom bösen Zauberer befreit hat, sind die Ratten machtlos und müssen den Märchenfiguren dienen. Das Spiel beginnt. Kurzweilig, abwechslungsreich mit vielen Szenenwechseln und rasanten Tanzeinlagen.

Jede Märchenfigur ist liebevoll kostümiert und geschminkt. Der üppige Haarwuschel der Hexe! Der dürre Pinocchio mit roter Latzhose und langer Nase. Die Ratten. Jede mit einem unverwechselbaren Gesicht.

TIPP

Von der Waldbühne ist es nicht weit bis zum Schloss Oberwerries und zur Fähre.

Die Kinder haben ihren Spaß bei Sprüchen wie „Hast du einen Holzwurm im Kopf?" und gehen ganz im Spiel auf. „Ich will auch mit", ruft ein Fünfjähriger, als der König alle Untertanen zu einem Mahl in sein Schloss einlädt. Was sagt Bodo, die Dümmste der Ratten immer: „Ich bin doch nicht blöd." Die Erwachsenen amüsieren sich zum Beispiel über das tapfere Schneiderlein, das als Karl Lagerfeld daherkommt und Pinocchio anblafft: „Wer eine Latzhose trägt, hat die Kontrolle über sein Leben verloren."

Die Größe der Freilichtbühne bietet reichlich Platz und ermöglicht rasche Szenenwechsel. Die Laiendarstellerinnen und -darsteller geben alles. Langanhaltender, begeisterter Applaus ist ihr Lohn. Die Spielfreude kommt nicht von ungefähr, ist die etwa 270 Mitglieder zählende Truppe doch eine verschworene Gemeinschaft, untereinander befreundet, verheiratet, verwandt. Nachwuchssorgen gibt es nicht. Schon die Kleinen werden miteinbezogen. Schließlich gibt es Schneewittchen und die sieben Zwerge.

Wolfgang Barth, Regisseur und Stückeschreiber, lobt das unglaubliche Engagement seiner Truppe, die zuletzt jeden Abend und jedes Wochenende geprobt hat – für drei Stücke mit 46 Aufführungen. Die Waldbühne: ein Traum für Kinder und alle, die es im Herzen geblieben sind.

● Waldbühne Heessen, Gebrüder-Funke-Weg 3, 59073 Hamm-Heessen, Tel. (0 23 81) 30 90 90, www.waldbuehne-heessen.de
● ÖPNV: ab Bahnhof Hamm Bus 353, Haltestelle Waldbühne

Unser tägliches Brot

43 Die Brotmanufaktur Herr von Myra in Soest

Im Stadtkern von Soest ist es herrlich idyllisch. Überall Fachwerkhäuser und schmale Gässchen, der Teich mitten in der Stadt und die alten Kirchen gehören auch zum Stadtbild.

Geht man vom Bahnhof Richtung Altstadt, stößt man an der Ecke Brüderstraße auf ein besonders hübsches Fachwerkhaus. „Herr von Myra" steht auf einem Schild an der Außenwand. Zur Orientierung könnte man auch sagen: Immer der Nase nach, denn rund um das Haus duftet es verführerisch nach Frischgebackenem. Hier wird das Brot noch von Hand gemacht. Lange Teigruhe und das Backen im Steinofen führen zu dem unverkennbaren, würzigen Geschmack. Noch intensiver lassen sich die Brotaromen im Verkaufsraum erschnuppern. Riesige Paletten mit Brot und mit Kuchen finden sich dort. Da Backmittel und Zusatzstoffe vermieden und die Laibe von Hand abgestochen werden, ist jedes Stück ein Unikat. Steinmehl, Roggenschrot, Vollkorn und Weizen gehören natürlich zu den Zutaten. Doch es gibt auch Brot mit Nuss, Oliven und Zwiebeln. Besonders beliebt sind die Minilaibe, die, in einer Größe zwischen Brot und Brötchen, eine gute Frühstücksportion abgeben. So werden diese auch zur Brotzeit serviert, die man an der Theke bestellen und drinnen oder draußen verzehren kann. Es gibt sie in den Geschmacksrichtungen deftig, süß, klassisch oder vegetarisch. Alle Zutaten wie Käse, Schinken und Wurst stammen aus der Region. Auch die Marmelade wird von Beerenbauern eigens hergestellt. Dazu schmeckt ein Milchkaffee oder belgische Vanilleschokolade.

Namensgeber von „Herr von Myra" ist übrigens der berühmte heilige Nikolaus, Bischof von Kleinasien. Die wohl bekannteste Legende ist das „Kornwunder": Bei einer Hungersnot in Lykien lag ein Kornschiff vor Anker. Das Getreide sollte an den Kaiser von Byzanz geliefert werden. Die Schiffer weigerten sich zunächst, Korn an die Hungernden in Myra weiterzugeben, weil dann eine Bestrafung durch den Kaiser drohte. Erst als Nikolaus ihnen versicherte, dass nichts fehlen würde, ließen sie sich überreden. In Byzanz kam, so die Legende, genau die abgewogene Menge Getreide an.

....

● Herr von Myra, Brüderstraße 59, 59494 Soest, Tel. (0 29 21) 9 44 81 25
www.herr-von-myra.de
● ÖPNV: ab Bahnhof Soest kurzer Fußweg

Alles im Fluss

44 Ein Spaziergang durch die Lippeauen

Vom Parkplatz Schellhase aus sind es nur wenige Hundert Meter zum Aussichtspunkt Klostermersch. Der Blick schweift über spiegelnde Wasserflächen, die zwischen Wiesen und Bäumen glitzern. Benninghausen bei Lippstadt eignet sich wunderbar als Ausgangspunkt für einen Rundweg durch die Lippeauen.

Mit 220 Kilometern von der Quelle in Bad Lippspringe bis zum Rhein südwestlich von Wesel ist die Lippe der längste Fluss in NRW. In den 1990er-Jahren wurden Rinder an der Lippe angesiedelt. Sie sollen den Auerochsen ähneln, die bis ins 17. Jahrhundert in Europa lebten und dann ausstarben. Zwischen den beiden Weltkriegen versuchten die Gebrüder Heck, diese Urrinder zurückzuzüchten, die als sogenannte Heckrinder bekannt sind. Die nachgezüchteten Rinder sehen ihren Ahnen zwar ähnlich, gelten jedoch als eigene Rasse, so ist es auf der Hinweistafel zu lesen. Auch Wildpferde soll es hier geben; sie zeigen sich allerdings nicht immer.

TIPP

Der Abu Naturschutz (www.abu-naturschutz.de) bietet Exkursionen an.

Der Spaziergang führt an einer Weide entlang. Ich habe Glück: Hinter dem Zaun grasen die beschriebenen Rinder. Eine Färse nähert sich und zeigt sich in ihrer ganzen, majestätischen Größe. Die Hörner könnten einen Menschen aufspießen, doch das Tier wirkt friedlich und zieht ruhig seiner Wege.

Weiter führt der Weg durch Alleen, vorbei an Kanälen und immer wieder durch die Flusslandschaft. Radler überholen. Viel Natur bietet der Spaziergang. Schließlich kann man abbiegen auf eine Brücke über die Lippe. Eine Sitzbank lädt ein, Rast zu machen und die Landschaft zu betrachten. Ruhig fließt der renaturierte Fluss dahin. Hier findet sich ein Storchennest auf einem Baumstamm. Langsam erhebt sich Gevatter Langbein, breitet die Flügel aus und gleitet durch die Lüfte. Selbst Biber und Fischotter soll es an der Lippe wieder geben.

Wer sich entscheidet, auf der anderen Flussseite an der Straße entlang zurückzugehen, wird durch malerische Dörfer geleitet und an einer hübschen Kirche vorbeigeführt. Etwa eineinhalb bis zwei Stunden sollte man für den Rundweg einplanen.

....

● Lippeauen, Schellhaaseweg, 59556 Lippstadt
● ÖPNV: ab Bahnhof Lippstadt Bus R66, Haltestelle Benninghausen, LWL-Klinik

Weltoffene Gastlichkeit

45 Schloss Oberwerries in Hamm

Schloss Oberwerries? Ist das nicht das wunderbare Wasserschloss bei Hamm aus Backsteinmauerwerk, wo einst die Herren von Beverförde residierten? Ihr Wappen mit Biber ziert noch immer das Hauptportal des zweiflügligen Herrenhauses. Einst erbaut als Grenzsicherung des Münsterlandes, ist das Schloss heute eher als Bildungs- und Begegnungsstätte bekannt, unter anderem für Trainingslager und Seminare des Westfälischen Turnerbunds. Turnvater Jahn lässt grüßen.

Wer mit dem Rad zum Beispiel auf der Römer-Lippe-Route, dem Werse-Radweg oder der Route der Industriekultur unterwegs ist, kommt unweigerlich an der imposanten Schlossanlage vorbei. Dieses Anwesen sollte man sich nicht entgehen lassen und gleich eine Führung buchen: Das Kaminzimmer, der Gewölbekeller, die Repräsentations-

TIPP

Etwa 2,6 Kilometer entfernt befindet sich die Schleuse Hamm, rund 7 Kilometer entfernt die Alte Schleuse.

räume und die stuckverzierten Deckenbalken lohnen eine Besichtigung. Zumal der Hausherr Beverförde selbst, stilvoll mit Joppe, Geschichten und Anekdoten erzählt, beispielsweise über die Glocke des Torhauses.

Oberwerries bietet für Gruppen und Reisende eine Übernachtungsmöglichkeit. Im Zuge von Renovierungsarbeiten wegen eines Wasserschadens wurden die Zimmer im Herrenhaus neu gestaltet. Künftig muss der Gast nicht mehr zum Duschen in den Keller. Etwas ganz Besonderes jedoch sind die Gästezimmer im Torhaus, dem ältesten Teil des Schlosses. Im Eingangsraum prunkt der riesige Kaminaufsatz aus Sandstein. Er datiert von 1672. Dahinter und im ersten Stock befinden sich die Schlafräume. Jeder Einzelne ist individuell gestaltet. Die Idee: Jeder Raum ist einer Partnerstadt Hamms gewidmet und entsprechend eingerichtet: Chattanooga (USA) mit geölten Echtholzmöbeln, Afyonkarahisar (Türkei) mit einem Himmelbett und schwarz gebeiztem Schrank, Mazalán (Mexiko) mit intarsienbesetzten Möbeln. Wer es gern britisch in Rosa und Blümchen mag, ist im Zimmer Bradford bestens aufgehoben. Gefrühstückt wird im Herrenhaus, während Schwäne und Blesshühner auf der Gräfte ihre Bahnen ziehen. Entspannung pur.

● Schloss Oberwerries, Zum Schloss Oberwerries 1, 59073 Hamm, Tel. (0 23 81) 1 70
www.hamm.de/schloss-oberwerries
● ÖPNV: ab Bahnhof Hamm Bus R37, Haltestelle Schloss Oberwerries

Gaumenschmaus im Grünen

46

Restaurant Stadtpark Soest

„Lage, Lage, Lage!", würde ein Immobilienmakler sagen. Lauschig ist es hier. Vor gut 100 Jahren wurde der Soester Stadtpark fußläufig zum historischen Stadtkern angelegt. Der ehemalige Exerzierplatz wandelte sich in eine Grünanlage zur Erholung der Soester Bürger. Heutzutage besticht er mit seinem Waldcharakter und wartet mit etlichen Attraktionen auf. Spielplatz, Boule-, Skate-, Tennis- und Minigolfanlage sowie ein Kletterpark haben in ihm Platz gefunden.

Bei seiner Gründung wurde mitten im Park auch ein Haus für den Parkwächter angelegt, welches mittlerweile unter Denkmalschutz steht. Heute präsentiert sich in diesem geschichtsträchtigen Haus das gleichnamige Restaurant. Stefanie Peters und Julian Ebers haben in den frisch renovierten Räumen ihr neues berufliches Zuhause gefunden.

TIPP

Das Restaurant bietet Platz für Gesellschaften bis 150 Personen.

Klar, modern und sehr einladend wirken die Gasträume. Im hinteren Teil liegt der lichtdurchflutete Wintergarten. Hier sitzt man ganzjährig ganz nah bei der Natur mit einer schönen Aussicht auf den bewaldeten Park. Rund um das Restaurant ist ein Außenbereich angelegt worden, in dem es sich im Sommer herrlich unter Bäumen entspannen lässt. Nach einem Spaziergang im Winter wird es im Kaminzimmer besonders kuschelig.

Der Küchenchef lässt sich von dem Anspruch leiten, stets nur frische Zutaten zu verwenden, hervorragend zuzubereiten und die Gäste zu verwöhnen. Die Karte ist klein genug, um fein zu sein und kreativ genug, um für jeden etwas zu bieten. Von der bodenständigen Stadtpark-Stulle bis zur Garnelenpfanne gibt es etliche leckere Gerichte zu entdecken. Ein freundliches Service-Team rundet das gelungene Konzept ab. Das Restaurant ist ganzjährig ein schöner Ort für eine entspannte Auszeit. Und letztlich ist der umgebende Wald ein Glücksort an sich.

Stefanie Peters ist als gelernte Hotelfachfrau für den Service zuständig und Julian Ibers als ausgebildeter Koch ist der Küchenchef. Und diese Kompetenz spürt der Gast ebenso, wie die Liebe und die Leidenschaft, mit der sie dieses Restaurant führen.

● Stadtpark Soest, Stadtpark 1, 59494 Soest, Tel. (0 29 21) 3 45 93 42
www.stadtpark-soest.de
● ÖPNV: ab Bahnhof Soest ca. 30 Min. Fußweg

Tempel der Kunst

47 Die Brunsteinkapelle in Soest

Eine Kapelle. Eine Kapelle? Nein, das Atelier von Fritz Risken. Vor 20 Jahren nutzte er die Chance, das ehemalige Kirchengebäude mieten zu können. Fritz Risken, Kunsterzieher im Ruhestand und Künstler, ist stolz auf sein Atelier, seinen ganz persönlichen Glücksort. Hier entstehen seine Bilder und Skulpturen. Mit 77 Jahren denkt er nicht ans Aufhören. Zu viel Freude hat er an dem einmaligen Ambiente seines Ateliers. Was für ein Raum. Plakate von Events, die hier stattgefunden haben, bedecken die Wände: Konzerte aller Musikrichtungen, Ausstellungen, sogar eine Modenschau gab es schon.

Fast quadratisch und über 10 Meter hoch bietet die Kapelle mit Empore auch viel Platz für Bilder und Skulpturen, die zum Teil in luftiger Höhe hängen. Die Lasertechnik, mit der sie nach Skizzen des Künstlers ge-

TIPP

An allen Adventssonntagen ist die umfangreiche Krippensammlung des Künstlers ausgestellt.

schaffen werden, lässt auch große Gebilde filigran und zart wirken. Positivform und Negativform. Je nach Blickwinkel ergeben sich unterschiedliche Eindrücke. Der Blick von der Empore auf die Kunstwerke ist überwältigend. Die meist großformatigen Bilder sind mit kräftigen Farben gemalt. Aufmerksamkeit heischen besonders die Selbstporträts. Die kräftigen Farben spiegeln den Einfluss des Landes, in das Risken oft gereist ist: Nepal. Die Menschen beeindruckten ihn sehr, ihre Fröhlichkeit und ihre Kultur. Die Kunst des Königreiches fasziniert ihn bis heute. Ein Foto von einem Besuch des Botschafters von Nepal hängt im Vorraum der Kapelle.

Schauen und staunen. Viele Motive tauchen immer wieder auf, sodass sich den Betrachtenden nach einiger Zeit eine gewisse Ordnung in der Fülle der Kunstwerke erschließt.

Noch bis 1998 feierten die Baptisten in der Kapelle Gottesdienste. Bis zu 300 Personen hätten hier Platz gefunden. Mehr ging wirklich nicht, erzählt der Künstler. Deshalb zog die wachsende Gemeinde aus und Fritz Risken mit seiner Kunst ein. Das war im Jahr 2001. Seitdem ist die zwischenzeitlich renovierte Kapelle ein Treffpunkt für Kunst- und Kulturinteressierte.

● Brunsteinkapelle, Schonebergstraße 30, 59494 Soest, Tel. (0 29 21) 6 01 23,
Besichtigung nach Absprache mit dem Künstler
● ÖPNV: ab Bahnhof Soest ca. 10 Min. Fußweg durch die Stadt

Freizeitspaß im Maxipark

48 ## Der Maximilianpark Hamm

Staunend stehen die Kleinen vor dem riesigen Glaselefanten. 35 Meter hoch. Und durchsichtig. Bei der Fahrt mit dem Lift durch den gläsernen Rüssel nach oben fallen ihnen die Stoßzähne des Tieres auf. Auch der Elefant muss einmal im Jahr seine Zähne putzen, wird erklärt.

Der Elefant ist das Wahrzeichen des Maximilianparks. Der Vater der Plastik ist Horst Rellecke, der ihn aus der ehemaligen Kohlenwäsche schuf. Der Freizeitpark steht nämlich auf dem Gelände der Zeche Maximilian, die bald nach ihrer Gründung im Jahr 1902 absoff. Die Stollen liefen voll Wasser und wurden daraufhin 1948 stillgelegt. Das etwa 22.000 Hektar große Gelände verwilderte, wurde zum Eldorado für die heimische Fauna und Flora.

Die Hammer ließen einen Teil der Fläche unberührt, als sie 1984 hier die Landesgartenschau ausrichteten. So gibt es auch nach der Umwandlung in einen Freizeitpark eine kunstvoll von Piet Oudolf gestaltete Fläche, die zu jeder Jahreszeit mit ihrer vielfältigen Pflanzenwelt ein Augenschmaus ist und eine besondere Atmosphäre schafft. Im naturbelassenen Areal können sich Kinder und Erwachsene spielerisch mit der Natur beschäftigen: Fußspuren von Tieren erraten, Vögel identifizieren, die Pflanzenwelt erkunden.

TIPP

Hier finden auch Veranstaltungen wie Herbstleuchten, Märkte, Musik- und Theateraufführungen sowie Kinderfeste statt.

Am Eingang laden gepflegte Blumenbeete und Skulpturen zum Schauen und Entdecken ein. Die Kinder vereinnahmen gern die bunten Kunstwerke, wenn sie nicht Piratenschiffe erobern, auf der Rutsche der alten Mine hinabsausen oder sich auf dem großen Wasserspielplatz vergnügen. Familien mit Kindern können hier entspannte Stunden verbringen. Letztlich finden jedoch Erholungsuchende jeden Alters Interessantes: das Schmetterlingshaus oder die Werkstatt. Wechselnde Ausstellungen mit Skulpturen, Plastiken, Bildern und Fotografien von Künstlerinnen und Künstlern aus NRW säumen die behindertengerecht ausgebauten Wege. Manche finden hier den Menschen fürs Leben und trauen sich. Natürlich im Elefanten. Am liebsten, wenn die Zähne frisch geputzt sind.

● Maximilianpark, Alter Grenzweg 2, 59071 Hamm, Tel. (0 23 81) 9 82 10 32
www.maximilianpark.de
● ÖPNV: ab Bahnhof Hamm Bus 13, Haltestelle Maximilianpark

Schiff ahoi!

49

Der Jachthafen Marina Rünthe in Bergkamen

Wie so viele Glückorte überrascht auch dieser. Man kommt nicht unbedingt darauf, an einem ehemaligen Kohlestandort einen Jachthafen zu vermuten. Als der Kohleumschlag Anfang der 1990er-Jahre rückläufig wurde, war der Weg frei für eine neue Nutzung.

Thorsten Nustede zögerte nicht lange und bewarb sich mit seinem Konzept. Wenn auch die Stadt Bergkamen dieses Unternehmen nicht selbst angehen wollte, so gab der Stadtrat ihm dennoch den Zuschlag. Was für ein Glück! Da er das Bootsleben von Kindesbeinen an kannte, wusste er genau, worauf es ankommt. Damals hoffte er, bis zum Ende des Jahres 70 Liegeplätze vermietet zu haben. Tatsächlich hatte er eine Marktlücke gefunden und es wurden 200. Zurzeit liegen hier am Datteln-Hamm-Kanal 300 Boote. Kein Wunder, Wasser zieht uns magisch an. Wer heute über die Promenade flaniert und die schönen Boote auf dem Wasser schaukeln sieht, der möchte am liebsten gleich einsteigen und losfahren. Wasser und Boote stehen synonym für die Sehnsucht nach dem weiten Meer. Und sofort fangen wir an zu schwärmen. Über die Kanäle bis zur Nordsee schippern, einfach traumhaft. Die Liegeplätze sind sehr begehrt. Thorsten Nustede bietet den Bootseignern ein perfektes Rundum-Service-Paket. Eine Tankstelle für Benzin und Diesel, eine Slipanlage, Sanitäranlagen sowie Wasser- und Stromversorgung. Ein großer Kran hebt die Boote auch an Land, wo sie den Winter verbringen und repariert werden können. Geschützte Winterliegeplätze, Bootport und Lagerblöcke sind auch vorhanden.

Direkt am Hafen haben sich ein Fitnessstudio und mehrere Lokale etabliert. Es gibt zwei Restaurants für den herzhaften Appetit. Das Hafencafé verwöhnt seine Gäste mit einem leckeren Frühstück und verführerischen süßen Sünden. Hier nimmt man gern Platz. Genuss direkt am Wasser und mit den Booten als Kulisse. Schöner geht es nicht! Wen die Sehnsucht packt, der muss sich nicht gleich selbst ein Boot kaufen. Boote ab 15 PS können hier ausgeliehen werden.

TIPP

In zwei Bootsfahrschulen kann man Fahrerlaubnisse und Sprechfunkzeugnisse erwerben.

● Jachthafen Marina Rünthe, Thorsten Nustede, Hafenweg 30, 59192 Bergkamen, Tel. (0 23 89) 31 63
● ÖPNV: ab Bahnhof Bergkamen Bus S20, Haltestelle Rünthe, Marina, ca. 10 Min. Fußweg

Feuerwerk der Farben

50

Der Rhododendronpark in Bad Sassendorf

Diese Üppigkeit! Diese Farben! Altrosa, violett, feuerfarben und elfenbein, eingebettet in sattes Grün. Farn, der im sanften Wind wogt: Der Rhododendronpark in Bad Sassendorf bietet reichlich Stoff für das Auge. Der Kurpark in Bad Sassendorf lohnt sich zu jeder Jahreszeit: im Winter, wenn beim Adventsmarkt beleuchtete Buden den Weg säumen; im Frühjahr, wenn Osterglocken blühen und rote Tulpen Frohsinn versprühen. Ein besonders schönes Erlebnis bietet er jedoch im Mai und Juni zur Rhododendronblüte. Vorbei am Prunkstück des Parks, dem Gradierwerk, und dem großen Teich mit Skulpturen und Wasserspielen geht es zum Ende des Parks. Dort taucht man ein in einen verwunschenen Wald, übersät mit blühenden Büschen.

1987 wurde dieser Rhododendronpark angelegt. Mit 6 Hektar ist er zwar nicht der Größte seiner Art, sein besonderer Reiz liegt aber in der Anlage im Wald. Kräftige Farben, verschiedene Grüntöne, Licht und Schatten wechseln sich ab. Fast scheint es, als würden Bäume, Farn und die bunten Blüten die Lustwandelnden in ihr Spiel mit einbeziehen. Ein Glücksort für Flaneure und Genießerinnen!

TIPP

Wer noch nicht genug hat, kann sich anschließend im angrenzenden Niederkletterwald sportlich betätigen.

Ein Hauch von Dschungelgefühl, ein bisschen Zauberwald: Rund 40 Sorten des „Rosenbaums" – so die deutsche Übersetzung des griechischen Wortes Rhododendron – finden sich in diesem Teil des Kurparks. Da darf auch eine Züchtung namens „Bad Sassendorf" nicht fehlen. Rhododendron gehört zur Familie der Heidekrautgewächse. Sie sind heimisch auf der Nordhalbkugel; die meisten unterschiedlichen Arten lassen sich in Asien ausmachen. Vorsicht ist geboten beim direkten Kontakt mit den blühenden Gewächsen: Sie sind nämlich giftig. Ihrer Schönheit tut das keinen Abbruch. Und mit ein bisschen Abstand das süßliche Aroma zu erschnuppern, stellt keine Gefahr da. Auch Bienen und Hummeln laben sich am Nektar der Blüten.

Zu guter Letzt noch eine genüssliche Runde über die weichen Waldwege drehen, auf eine Bank setzen und in die Baumkronen schauen.

● Rhododendronpark, Zur Wasserfuhr, 59505 Bad Sassendorf
● ÖPNV: vom Bahnhof Bad Sassendorf Bus BS1, Haltestelle Kurklinik Lindenplatz, ca. 5 Min. Fußweg

Kürbisleidenschaft

51 Hof Ligges in Kamen-Wasserkurl

Im kleinen Ortsteil Wasserkurl steht ein alter Bauernhof. Wenn es hier im Herbst in fröhlichem Orange leuchtet, dann ist Kürbiszeit auf dem Hof Ligges. Die leckersten Speisekürbisse und die schönsten Kürbisse für Dekorationen werden dann präsentiert.

Schon vor der Hofeinfahrt grüßen die künftigen Halloweengesichter. Über 200 Sorten der Panzerbeere, wie sie botanisch heißt, werden von Ute Ligges zu prächtigem Kürbisschmuck gestaltet. Drinnen wie draußen bietet die Floristikmeisterin wunderschön bepflanzte Töpfe, Körbe und Gefäße an. Man kann sich nicht sattsehen an den zauberhaften Kreationen. Doch der urige westfälische Bioland-Hof hat noch mehr zu bieten. Ganzjährig gibt es Eier sowie Früh- und Spätkartoffeln zu kaufen. Zur Selbstbedienung gibt es einen kleinen Verkaufsraum. Hier

TIPP

Während der Kinderschnitz-kurse können sich die Eltern mit Kürbiskuchen die Wartezeit versüßen.

werden auch die eigenen Kürbiserzeugnisse wie Suppen, Marmeladen und einiges mehr angeboten.

Für den Ackerbau und die Hühner, die freilaufend gehalten werden, sind Volker Ligges und Sohn Julius zuständig. Das Federvieh darf sich wahrhaft glücklich schätzen, bekommt es doch als Zusatznahrung den bekannten Kanne-Brottrunk für Tiere. Durch die gesunden Inhaltsstoffe bleiben die Hühner munter und fit. Gesund für Mensch und Tier muss es sein. Neben der ganzjährigen Arbeit mit den Hühnern und auf dem Feld kommt im Herbst die Kürbisausstellung dazu. Gut, dass die drei Kinder der Familie Ligges inzwischen mitarbeiten. Neben Kürbisschnitzkursen für Jung und Alt finden auch Kochevents und Wellness-Abende mit einem Heilpraktiker statt. Dabei wird die überraschend vielfältige und gesunde Nutzung der Kürbisse gezeigt. Die Gäste sitzen derweil in gemütlichen, hübsch dekorierten Sitzecken.

Kaum neigt sich die Kürbiszeit dem Ende zu, geht es nahtlos in die Weihnachtsaustellung über. Festlich funkelt es dann in der Tenne und den Nebenräumen. Auch hier weiß man nicht, wohin man zuerst schauen soll. Es sind mehrere Runden nötig, um all die traumhaften Dekorationen wahrzunehmen. Glückspilz, wer den Hof für sich entdeckt!

● Hof Ligges, Afferder Straße 1, 59174 Kamen, Tel. (0 23 07) 3 88 96
www.hof-ligges.de
● ÖPNV: ab Bahnhof Kamen-Methler ca. 15 Min. Fußweg

Life is beautiful

Das Café im Grünen Winkel in Lippstadt

Der Name ist Programm. Als Grüner Winkel werden die Lippeauen bezeichnet, die die grüne Lunge des Stadtzentrums bilden. 500 Kilometer Wasserläufe gibt es im Stadtgebiet, der Grüne Winkel ist nur ein kleiner Teil davon. Nicht umsonst wird Lippstadt auch das westfälische Venedig genannt.

Café im Grünen Winkel heißt das kleine Lokal in den Lippeauen. Das äußerlich eher bescheiden wirkende Gebäude wird beschattet von hohen Bäumen und ist eingebettet in Wiesen und Wasserläufe. Ein Wohlfühlort für alle, die einmal ausspannen wollen, beim außergewöhnlichen Frühstück oder beim Nachmittagskaffee mit Waffeln und selbst gebackenem Kuchen. Besonders beliebt ist das Frühstück mit den frisch hergestellten Salaten, den Antipasti, den Wurst- und Käsesorten, mit dem Angebot an internationalen Brotsorten von Ciabatta und Baguette bis Vollkornbrot und, als besondere Attraktion, mit Waffeln zum Selbstbacken. Man fühlt sich verwöhnt. Auch von der freundlichen Bedienung, die selbst bei Hochbetrieb noch Zeit für einen kurzen Schwatz findet.

TIPP

Ein Besuch der Lippstädter Altstadt lohnt immer.

Reizend. So könnte man die Inneneinrichtung bezeichnen. Tische und Stühle erstrahlen farbenfroh in allen Pastelltönen. Hellblaue Lampionleuchten unter der Decke verstärken die heitere und beschwingte Atmosphäre. Ebenso wie die farbigen Bilder an den Wänden. Hinter der Theke hängt ein Schild: „Life is beautiful." Das Motto des Hausherrn Ralf Spiekermann.

Kuschelige Kissen schaffen bei Kälte ein besonderes Wohlgefühl, vor allem, wenn man im Wintergarten sitzt. Durch die bodentiefen Fenster kann man direkt auf das träge dahinfließende Wasser eines Seitenarms der Lippe schauen.

Für Kinder ist der Park rund um das Café ein Paradies. Ihnen macht es Spaß, den Enten beim Schwimmen und Watscheln zuzuschauen, während die Eltern auf einer der zahlreichen Holzliegen entspannen. Die Attraktion sind im Sommer die Entenküken und der nahe Spielplatz „Entenei" mit seinen besonderen Entenspielgeräten.

● Café im Grünen Winkel, Im Grünen Winkel 10, 59555 Lippstadt,
Tel. (0 29 41) 5 95 10
● ÖPNV: ab Bahnhof Lippstadt ca. 15 Min. Fußweg durch die Stadt

Oase der Stille

 53 Kreuzweg und Wallfahrtsbasilika in Werl

Die Stadt Werl ist ein bekannter Wallfahrtsort. Unübersehbares Wahrzeichen ist die zweitürmige Basilika mitten im Zentrum. Wer sich dem gewaltigen Gotteshaus behutsam nähern möchte, wählt am besten den Zugang vom Kreuzwegplatz aus. An der Seite der Basilika findet sich eine grüne Oase mitten in der lebendigen Altstadt. Hier lässt es sich durchatmen und dem fröhlichen Konzert der Vögel lauschen.

Die Skulpturen auf dem Kreuzwegplatz stammen von dem Werler Bildhauer August Wäscher (1881–1960). Für die Verzierung der Skulpturen wurden Dornsteine verwendet, Sinterstein aus Werler Gradierwerken, die für Salzgewinnung stehen. 1977 wurden einige Stationen in Anröchter Dolomit neu eingefasst. So ergibt sich ein regionaler Bezug.

Barrierefrei ist der Zutritt von hier zur Kirche durch die „Heilige Pforte". Sie stellt ein eigenes Kunstwerk dar. Eröffnet im Jahr der Barmherzigkeit, das Papst Franziskus im Dezember 2015 ausrief, ist sie flankiert von zwei Flügeln mit Schriftzeichen. Auf der rechten Seite ist zu lesen: „Wenn wir die Heilige Pforte durchschreiten, lassen wir uns umarmen von der Barmherzigkeit Gottes und verpflichten uns, barmherzig zu unseren Mitmenschen zu sein, so wie der Vater es zu uns ist." Der Kalligraf Brody Neuenschwander, gebürtiger Amerikaner, gestaltete diese Schriftzüge.

Im Innern der Basilika dominiert die golden leuchtende Marienstatue. Ihre Herkunft reicht wahrscheinlich bis ins 14. Jahrhundert zurück. Bis zur Reformation stand das sogenannte Gnadenbild wohl in der Wiesenkirche in Soest. Danach geriet es in Vergessenheit, bis es in Werl zu neuen Ehren fand. „Mariä Heimsuchung", Besuch von Maria, lautet der Name dieser Kirche, die zu Beginn des 20. Jahrhunderts auf dem alten Klosterplatz erbaut wurde.

Zurück auf dem Werler Marktplatz, sollte man sich einen Kaffee oder ein Eis gönnen, beispielsweise im traditionsreichen Café Hemmer. Bei schönem Wetter lässt sich dem bunten Treiben zuschauen. Wer mag, kann einen Spaziergang durch die Altstadt anschließen. Im nahe gelegenen Kurpark lässt es sich vortrefflich lustwandeln.

● Wallfahrtsbasilika Werl, Walburgisstraße 37, 59457 Werl
● ÖPNV: ab Bahnhof Werl ca. 10 Min. Fußweg

Lebendige Vergangenheit

54 Die alte Stadtmauer in Soest

Freundlichst bittet er Spaziergänger, ihn zu ersteigen, zu verweilen: der Wall, der einst Feinde abwehrte. Man hat das Glück der Wahl, denn gleich drei Wege führen um Soests Zentrum: auf der Mauer, vor ihr durch ein lang gezogenes Parkgelände, die ehemalige Gräfte, mit Skulpturen, Spielplätzen, Fahrradweg, oder innerhalb der Mauer an den Fachwerkhäusern und herrlichen Gärten entlang. Ich wechsle gern, durch Tore, über Treppen. Im Frühling ein Blütenmeer, auf der Mauer, vor ihr im umlaufenden Park, hinter ihr in der Altstadt, sanfte Feuer mit rosa und weißen Flammen. Sie lädt ein zu flanieren, die Blicke streifen zu lassen.

Immerhin sind zwei Drittel der 800 Jahre alten Wallanlage erhalten, einer Ummauerung um die alte Hansestadt, die zum Glück nicht abgerissen wurde. Es existieren halbrunde Kattentürme und noch eines von ehemals zehn Stadttoren, das Osthofentor. Und von

TIPP

Abends einkehren ins Kulturhaus Alter Schlachthof zu Kabarett und Livemusik.

oben: welch ein Panorama! Augen und Herz gehen einem auf. Die Altstadt lockt mit Kirchen, Dutzenden Fachwerkhäusern, gut erhalten, viele renoviert, Gärten, Bäumen, Mäuerchen, Gassen, Bänken, Marktplätzen, Cafés, kleinen Läden, Bachläufen, dem Wilhelm-Morgner-Museum. Man möchte verweilen und gleichzeitig zu den schönsten Stellen eilen. Ein einzigartiger Grünzug um die Altstadt, in der es um die Fachwerkhäuser herum ebenso grünt und blüht. Selbst aus den Steinen wuchert und blüht es. Geschichtet ist die Mauer wie viele Häuser und Kirchen aus Grünsandstein, der für diese Gegend berühmt ist. Einen Besuch wert ist das Grünsandsteinmuseum, was trocken und langweilig klingt, aber anschaulich vor Augen führt, wie hier gebaut wurde. Die Mauer hat das Zeug zum Weltkulturerbe, ist lebendige Vergangenheit. Man möchte stunden-, ja tagelang auf ihr verweilen, auf einer Bank picknicken, sich mit Freunden treffen. Am besten nach einem Gang durch die Altstadt mit auf dem Markt erstandenen Speisen auf einer einladenden Bank. Ein guter Ausgangspunkt für die Allerheiligenkirmes im Herbst, wenn Laub und Lampen feurig leuchten.

● Stadtmauer Soest, Zugang an verschiedenen Stellen in der Stadt
● ÖPNV: ab Bahnhof Soest ca. 10 Min. Fußweg

Wo kommen wir her?

Das Liebes Leben Museum in Soest

Dich hat der Klapperstorch gebracht und mich hat der Esel im Galopp verloren. Solche Antworten haben viele der heute älteren Generation auf die Frage „Wo komme ich her?" bekommen. Wer bis heute die Wahrheit nicht herausgefunden hat, der wird im Liebes Leben Museum aufgeklärt. Nicht nur lustige Begebenheiten werden hier präsentiert. Neben historischen Fruchtbarkeitssymbolen nach Art der Venus von Milo wird die Geschichte des Liebeslebens und der Aufklärung über die Jahrhunderte hinweg bis heute gezeigt. Ganz sachlich, wissenschaftlich, aber auch emotional. Sehr anschaulich ist der Raum mit Plastiken einer Gebärmutter mit einem heranwachsenden kleinen Menschenkind im Verlauf der Schwangerschaft.

Grundlegend wie lehrreich sind Erklärungen über Krankheiten, die ein Liebesleben mit sich bringen kann. Ebenso die „Dunkelkammer", in der an einem Holzmodell die Anwendung eines Kondoms gelernt werden kann. Und wie steht es mit unserer Toleranz gegenüber anders Denkenden und Fühlenden? Pflegen wir unsere Vorurteile oder geben wir anderen Meinungen Raum? Anhand von Pappfiguren ohne Antlitz kann man das testen. Man legt sein Gesicht in die dafür vorgesehene Aussparung und sieht darunter die Gestalt einer hochschwangeren Frau. Oder die beiden nackten Körper zweier homosexueller Männer. Wie fühlt sich das an? Dem Inhaber Erwin Göckeler-Leopold ist Aufklärung eine Herzensangelegenheit. Als Gynäkologe weiß er, dass Wissen uns allen Schutz bietet und Verständnis fördert. Die ersten Exponate stammten aus seinem eigenen Fundus und dem weiterer Spender. Das Museum wird in privater Trägerschaft rein ehrenamtlich betrieben. Es befindet sich in einem historischen Hochbunker aus dem Zweiten Weltkrieg und finanziert sich aus Spenden und Eintrittsgeldern.

Ideen und Themen zum Liebesleben und zum lieben Leben gibt es mehr, als das Team umsetzen kann. Räume für die Anatomie des Mannes und der Frau stehen auf der Wunschliste. Im 21. Jahrhundert darf über jedes dieser Themen gesprochen werden. Welch ein Glück!

TIPP

Für Schulklassen gibt es Führungen und Seminare.

- - - - - - - - - -

● Liebes Leben Museum, Lütgen Grandweg 9a, 59494 Soest, Tel. (0 29 21) 3 80 48 80
www.liebesleben-museum.de
● ÖPNV: ab Bahnhof Soest ca. 15 Min. Fußweg

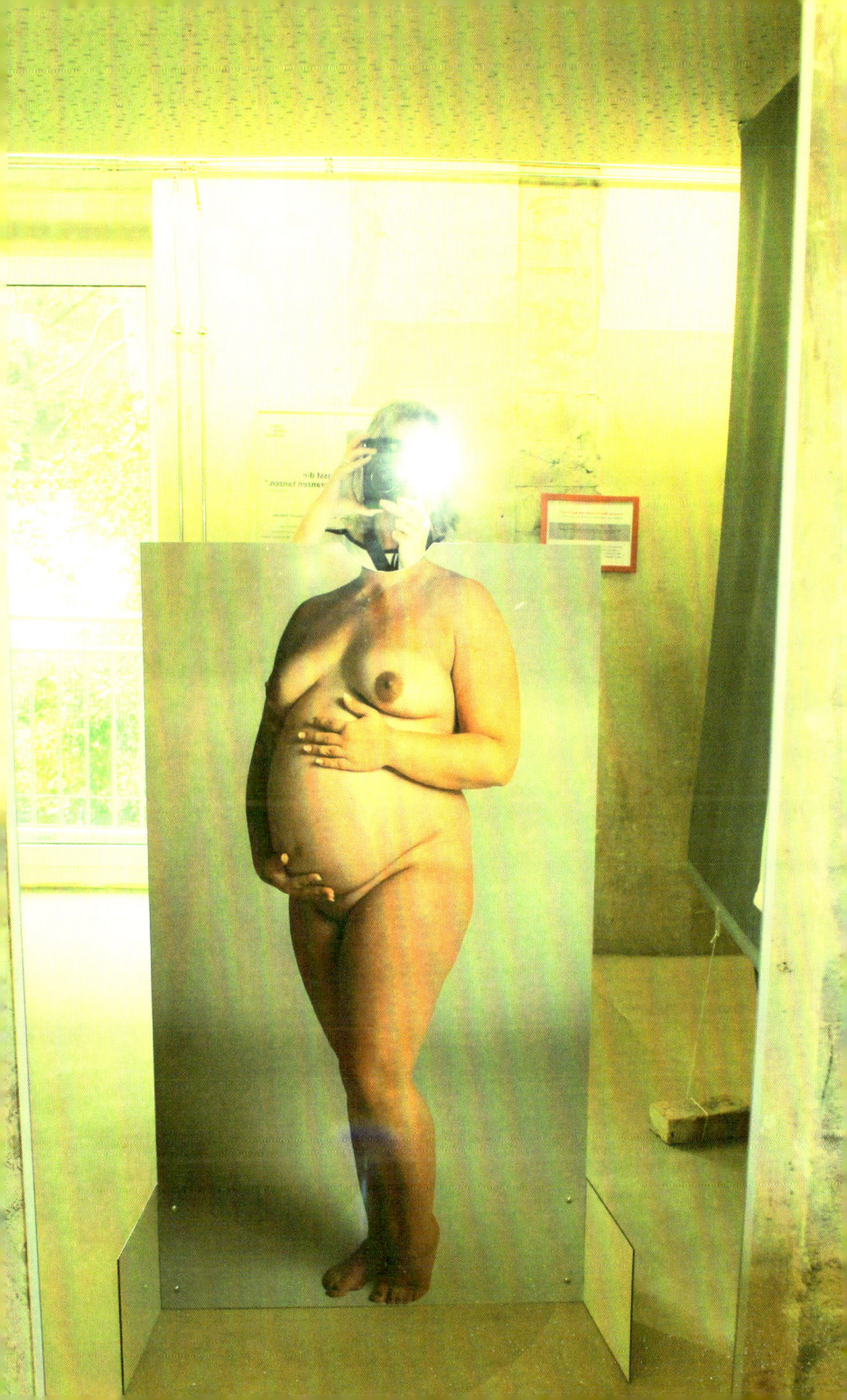

Glück ist ...

56

Das Vivendi in Lippstadt

… sich mit schönen Dingen für Leib und Seele zu umgeben. Vieles, was das Herz begehrt, ist hier zu finden. Hübsche Accessoires für Haus wie Garten, Küche sowie Esszimmer, Bad und Kleiderschrank reihen sich in den Regalen aneinander. Unfassbar vielfältig ist das Angebot und doch wirkt alles aufgeräumt und übersichtlich. Unterschiedliche Bereiche, wie die Räume einer Wohnung, gliedern die Zutaten für ein wunderbares Zuhause und gelungene Tafelfreuden.

Kornelia Kallus, die Herrin dieses kleinen Himmelreichs, hat mit viel Gespür für die verschiedenen Stile Ausgewähltes zusammengetragen. Porzellan gibt es hier in Weiß, in bunten und pastelligen Farben, verspielt, schlicht, modern und im Landhausstil, außerdem Accessoires wie Kerzen, Schalen, Lampen, Nützliches sowie Liebesvolles zum De-

TIPP

Zur Stärkung wird Kaffee und feines Gebäck angeboten.

korieren und Gestalten der eigenen vier Wände. Längst ist es nicht mehr nur die Frau im Haus, die sich um die Ausgestaltung des Heims kümmert. Darum gibt das Angebot ebenso Verlockendes für die Herren her. Leckere Soßen, Dips, Weine und Spirituosen, Gewürze sowie formschönes Werkzeug für den Grillmeister machen Lust aufs Rösten und Selberkochen. Draußen im lauschigen Innenhof zeigen sich Ideen für die Garten- und Terrassengestaltung. Outdoorkerzen wie märchenhafte Figuren gestalten das Außenwohnzimmer wohlig.

Innen ergänzen wonnige Düfte die kleine feine Auswahl an Bekleidung und Schmückendem für die Dame. Und wer Langeweile verspürt, der deckt sich in der Papeterie mit Büttenpapier samt Aquarellfarben für eine kreative Auszeit ein. Für die Kleinsten gibt es herziges Spielzeug und buntes Geschirr. Kornelia Kallus ist es ein Herzensanliegen, für Leib und Magen sowie Geist und Seele bezaubernde Sachen anzubieten. Sie achtet auf Nachhaltigkeit und ökologische Erzeugung ihres Sortimentes. In einem einzigen Geschäft nach alldem in Ruhe und mit Muße stöbern zu dürfen, ist ein großes Glück für Anhänger und Liebhaberinnen wertiger Dinge. Hier findet sich immer etwas Erlesenes für das eigene Heim und die Liebsten.

....

● Vivendi Lippstadt, Poststraße 10, 59555 Lippstadt, Tel. (0 29 41) 2 02 41 00
www.vivendi-lippstadt.de
● ÖPNV: ab Bahnhof Lippstadt ca. 10 Min. Fußweg

Lachen mit Fuchs und Spinne

Bei Nelo Thies, Puppenspielerin in Borchen

Wenn die Puschelnasen Osterhasi und Osterlupinius auf der Bühne erscheinen, wird es still im Saal: die kleinen Zuschauer mit großen Augen und gespitzten Öhrchen auf den vorderen Rängen, die Eltern schmunzelnd dahinter. Es wird lustig, spannend und liebenswert, gerade so, wie die Kinder im Kindergarten- und Grundschulalter es mögen und erwarten. Nelo Thies und ihre Bühnenpartnerin beziehen ihre Fans in die Geschichte mit ein. Da kann es passieren, dass ein kleiner Zuschauer spontan ein Liedchen zum Besten gibt, das gerade gut zum Thema passt. Kinder sind ein aufmerksames Publikum.

Nelo Thies hat nicht nur viel Erfahrung im Theater- und Figurenspiel, bei ihr kommt auch eine große Liebe zum Geschichtenerzählen hinzu. Die Bühnenstücke stammen aus ihrer eigenen Feder. Schon als Kind begann sie Erzählungen zu spinnen. Da konnte es ab und zu passieren, dass der Salzstreuer am Familienesstisch plötzlich anfing mitzureden. Sie bietet Figurentheaterspiel im Saal wie auch bei „Umsonst und draußen", dem Sommerprogramm der Gemeinde Borchen an. Hilfreich für die jungen Zuschauer ist, dass sie sich vorher auf dem Spielplatz austoben können und das Restaurant Genusswerkstatt Mallinckrodthof mit leckeren Speisen für das leibliche Wohl sorgt. Alternativ dürfen die Besucher ein Picknick von zu Hause mitbringen. „Umsonst" ist Programm.

TIPP

Auswärtige Auftritte können angefragt werden.

Erwachsene Geschichtenliebhaber kommen ebenfalls nicht zu kurz, denn bei Dinnerkrimis kann Nelo Thies ihre Leidenschaft für Spannendes ausleben. Eine monatliche Krimilounge ist ein Herzensprojekt, das derzeit noch entwickelt wird. Konzerte in kleinem Rahmen, die in loser Folge in der Diele ihres Hauses stattfinden, runden ihr künstlerisches Repertoire ab. Da wird Swing oder Rock aufgespielt, wie beim Sommerprogramm der Gemeinde. Möglicherweise inspiriert sie der geschichtsträchtige Fachwerkhof, in dessen ehemaligem Kuhstall sie wohnt, zu all der Kreativität. Egal ob Kindertheater, Krimi oder Konzert, es ist immer eine große Freude, sie live beim Spiel zu erleben.

● Puppenspielerin Nelo Thies, Mallinckrodtstraße 6,33178 Borchen,
Tel. (0 52 51) 6 98 96 28, mobil: (01 70) 4 14 38 67, www.nelothies.de
● ÖPNV: ab Paderborn Bahnhof Bus R71, Haltestelle Borchen-Nordborchen Kreuzricke, ca. 5 Min. Fußweg

Bummel auf dem Rummel

58 Die Allerheiligenkirmes in Soest

Die Allerheiligenkirmes ist ein Muss, sagen die Soester. Sie ist ein einmaliges Event der Superlative: größte Altstadtkirmes Europas mit 50.000 Hektar Stellfläche, älteste Kirmes Westfalens, belegt seit 1338. Die größten und höchsten Fahrgeschäfte geben sich hier ein Stelldichein: die wilde Maus mit 800 Quadratmetern Stellfläche, die Konga mit einer Geschwindigkeit von 120 Kilometern, der Astronaut mit einer Höhe von 80 Metern und traditionelle Angebote wie das antike Pferdekarussell oder die Geisterbahn.

Schon der Weg nach Soest mit dem Zug ist ein Erlebnis. Ausgelassene Menschen jeden Alters verbreiten bei der Anfahrt gute Laune. Tritt man aus dem Bahnhofsgebäude, umwabert einen sofort satte Kirmesatmosphäre. Ein Fest der Sinne. Die Luft ist gesättigt von Pommes- und Bratwurstduft, vom süßen Geruch nach Zuckerwatte und Mandeln. Die Fahrgeschäfte spielen ihre Hits in voller Lautstärke, man hört vor Angstlust kreischende Mitfahrerinnen und Mitfahrer. Die Bässe wummern im Gleichtakt dazu. Das bunte Glitzern und Blinken oben und unten lässt das graue Novemberwetter vergessen.

TIPP

Zu empfehlen sind warme Kleidung und genügend Kleingeld für die Toilettenwagen.

Besonders gegen Abend füllen sich die Gassen der malerischen Altstadt. Die Ess-und Trinkbuden, die Verkaufsstände mit buntem Allerlei, die Schieß- und Wurfbuden sind umlagert, alle suchen ihr Glück. Zentrum des Kirmesspaßes ist der Musikexpress auf dem Marktplatz. Vom Riesenrad aus hat man den besten Überblick.

Am Donnerstag, am „Nationalfeiertag" der Soester, ist Pferdemarkt. Ämter und Schulen haben zu. Alle Soester sind unterwegs, zum Schauen und Begutachten, zum Beispiel Kaltblüter und landwirtschaftliche Hochleistungsmaschinen. Oder zum Gesehen-Werden. Schon mancher hat hier seinen Lieblingsmenschen gefunden. Das „Nationalgetränk", das Bullenauge oder Edelmokkalikör mit Sahne, tut ein Übriges. Seit 1976 gibt es das Jägerken, eine Erinnerung an Grimmelshausens „Jäger von Soest" aus dem Dreißgjährigen Krieg. Karneval in Köln? Ach was! Allerheiligenkirmes in Soest.

....

● Soest, Altstadt; Pferdemarkt am Osthofentor
● ÖPNV: ab Bahnhof Soest kurzer Fußweg in die Altstadt

Goethe und Co.

Die Kleinhansfiguren im Kurpark von Bad Waldliesborn

Grazil sind sie und durch die raue, unbearbeitete Oberfläche wirken sie sehr lebendig. Der Stil der Bronzefiguren des Bildhauers Bernhard Kleinhans ist unverkennbar. Insgesamt 23 Plastiken bereichern den Kurpark des Badeortes, der 1904 von dem Kaufmann Wilhelm Eichholz gegründet wurde. Bei Bohrungen traf man im Jahr 1900 in 900 Metern Tiefe auf Sole statt auf Kohle.

Am Goethebrunnen vor der Therme lädt eine Bank zum Entspannen ein. Der Dichter thront in 3,50 Metern Höhe auf einem Stuhl. Die Plastik erinnert an eine Episode in Münster. Bei einem Besuch der Gräfin Galitzin fand Goethe keine Unterkunft. Er musste die Nacht auf einem Stuhl verbringen. Unter dem hohen Mittelteil reihen sich um das Brunnenrund die Fassaden der Patrizierhäuser Münsters, darunter die der ältesten Bierkneipe, Pinkus Müller. Die Auftraggeber des Brunnens fürchteten Neid und Missgunst der Konkurrenten. So gaben sie den Brunnen an Bad Waldliesborn. Denn gern schickten die Münsteraner Kliniken ihre Patienten dorthin zur Kur.

Vom Brunnen aus öffnet sich der Blick auf den Kurpark. In der idyllischen Parklandschaft entdeckt man die Kleinhansfiguren, versteckt im Gebüsch wie die drei Grazien. Oder mitten auf der Wiese, wie die Lesende oder die große Stehende. Eine Tänzerin schwingt ihr linkes Bein anmutig in die Höhe. Sehr zur Freude der Kinder des nahen Spielplatzes, die die Figur als Spielgerät vereinnahmten. Das Bein brach ab. Gut, dass Basilius Kleinhans die Bildhauerei bei seinem Vater erlernt hatte und den Schaden reparieren konnte. Es gibt auch religiöse Motive. David und Bathseba, Herodes und Salome. Fürsorgliche Menschen legen den nackten Figuren im Winter schon mal einen Schal oder ein Tuch um. Golgatha am Picknickplatz. Ein Engel. Man sollte sich Zeit nehmen für die einzelnen Figuren, rät uns unsere sachkundige Führerin Ursula Brinkmann. Ihre Begeisterung für die Kleinhansplastiken ist ansteckend. Zudem lädt das idyllische Ambiente des Parks mit Nebelpfad, Arboretum und Blumenbeeten zum Wiederkommen ein.

TIPP

Am Wochenende kann man sich in Bad Waldliesborns „Guter Stube" stärken.

● Kurpark Bad Waldliesborn, Parkstraße 10, 59556 Lippstadt, Stadtinformation Lippstadt, Tel. (0 29 41) 94 88 00, Führungen nach Absprache
● ÖPNV: ab Bahnhof Lippstadt Bus C4 nach Bad Waldliesborn, Haltestelle Kurgartenweg, ca. 10 Min. Fußweg oder Bus 70, Haltestelle Kurverwaltung, kurzer Fußweg

Mathildes Geist

60 Das Schankhaus Diva in Lippstadt

Mathilde saß immer hinter dem Tresen. Sie war die unbestrittene Herrin des Gasthofs Landgräber, ein bürgerliches Speiselokal mit Tradition. Ihr zur Seite stand Sohn Auwin. Auf 275 Jahre Gastlichkeit blickte das Lokal zurück, als er nach dem Tod der Mutter 2018 das Gebäude samt Inhalt verkaufte. Die neuen Besitzer krempelten es grundlegend um. Einzelne Gegenstände des alten Lokals sind liebevoll in die Neugestaltung integriert: die alte Küchentür, die Upkammer über der Bar mit der niedrigen Decke, den alten Holzbalken und den originalen breiten Holzdielen. In der ehemaligen Tenne zeugen Eisenringe in den Balken von der früheren Nutzung. Hier wurden die Pferde angebunden. Viele kleine Accessoires zeigen, mit wie viel Sachverstand und Herzblut die jetzigen Inhaber die Räume gestaltet haben. Altes und Neues ist umsichtig und mit Gespür für die Raumatmosphäre des denkmalgeschützten Fachwerkbaus zusammengefügt. Trotz aller Neuerungen meint man den Geist Mathildes zu spüren.

TIPP

Am Wochenende sollte man einen Tisch reservieren.

Über drei Etagen erstrecken sich die Gasträume. Jede Etage hat ihr eigenes Flair. Die Theke im Erdgeschoss mit ihrem Mix aus Glas, Metall und Holz wirkt filigran und rustikal zugleich. Im ersten Stock ist es gemütlich. Balken unterteilen den Raum, ein raffiniertes Lichtkonzept mit tageszeitlich angepasster Beleuchtung schafft Nischen. Der Raum unter dem Dach eignet sich für Gruppen, ebenso die ehemalige Tenne mit ihrem langen Tisch. In die oberen Etagen gelangt man über eine Holztreppe oder mit dem Aufzug. Besonderes Highlight: ein Bierzapftisch mit fünf Hähnen, aus denen der Gast sein Bier aus einem Tank selbst zapft. Dieser Gerstensaft enthält weniger Kohlensäure.

Der Anspruch der neuen Besitzer: mit einem ausgefeilten Raumkonzept und einem hohen Qualitätsanspruch in der Gastronomie ein Lifestyle-Wirtshaus zu schaffen für Gäste, die ihre Alltagssorgen vergessen wollen. Ein klassisches Wirtshaus im neuen Gewand für die Bedürfnisse aller Altersgruppen, Familien inclusive. Die „Diva" möchte alle glücklich machen.

● Schankhaus Diva, Lange Straße 9, 59555 Lippstadt, Tel. (0 29 41) 9 22 04 88
www.schankhausdiva.de
● ÖPNV: ab Bahnhof Lippstadt ca. 10 Min. Fußweg durch die Stadt

Sanfte Sounds in Soest

61 Das Kulturhaus Alter Schlachthof

Handgemachte Musik schallt von der Bühne. Eine akustische Gitarre begleitet die Sängerin mit der sanften Stimme. Die Szene ist getaucht in blaues und violettes Licht. Kaum vorstellbar, dass hier vor etwas mehr als 30 Jahren noch Tiere geschlachtet wurden. Dort, wo im Soester Kulturhaus Alter Schlachthof jetzt das Singer-Songwriter-Duo „Nick and June" auftritt, mussten zigtausend Rinder ihr Leben lassen. Davon ist zum Glück nichts mehr zu merken. Heute bietet das Kulturhaus Auftrittsmöglichkeiten für Independent-Bands und Kleinkünstlerinnen, Kontakt zum Publikum inbegriffen. An anderen Abenden treten Kabarettisten auf oder es wird „abgezappelt" zur Discomusik. Vor und nach der Veranstaltung darf es ein Bier aus dem Soester Brauhaus zur Zwiebel oder ein frisch gezapftes Warsteiner sein. Natürlich

TIPP

Davor, danach oder zwischendurch einen Spaziergang auf der Stadtmauer machen!

gibt es auch Wein, Alkoholfreies und Snacks in dem hohen Gastraum mit der stylisch beleuchteten Theke. Regelmäßig finden im Kulturhaus außerdem ein „Kinderklamottenmarkt" oder die „Pub Music Night" statt. Das Programmkino zeigt besondere und außergewöhnliche Filme.

Der alte Schlachthof ist ein beliebter Treffpunkt für Menschen aller Altersgruppen. Weit über Soest hinaus, bis nach Dortmund und in das Sauerland hinein, zieht dieser Glücksort das Publikum an. Die Wurzeln des Vereins „Kulturinitiative Das Haus e.V." reichen bis in die 1980er-Jahre zurück. Mittlerweile umbenannt in „Alter Schlachthof", ist der Verein Arbeitgeber von haupt- und nebenberuflichen Mitarbeitern und Mitarbeiterinnen. Der Vorstand arbeitet ehrenamtlich. Und – so betonen die Verantwortlichen – es handelt sich um „Soziokultur", die sich eher als herrschaftskritisch, denn als staatskonform versteht. Wen wundert es, dass das gastfreundliche Haus auch Selbsthilfe- und Beratungsgruppen ein Zuhause bietet? Auch der Allgemeine Deutsche Fahrrad-Club (ADFC) und kreative Gruppen treffen sich hier.

● Kulturhaus Alter Schlachthof, Ulrichertor 4, 59494 Soest, Tel. (0 29 21) 3 11 01
www.schlachthof-soest.de
● ÖPNV: ab Bahnhof Soest R51 Richtung Warstein, Haltestelle Ulrichertor
oder ca. 20 Min. Fußweg

Mönch ärgere dich nicht

Das Museum Abtei Liesborn

Einst war die Benediktinerabtei Liesborn eines der bedeutendsten Klöster des Mittelalters. Karl der Große und Papst Leo III. sollen in Paderborn 799 ihre Gründung beschlossen haben. Heute ist sie ein Museum für alte und moderne Kunst, das seinesgleichen sucht. Seit dem Sommer 2022 beherbergt es eine besondere Kostbarkeit: das Liesborner Evangeliar. Nach langem Exil kehrte der 1000 Jahre alte Codex an seinen Ursprungsort zurück.

Zum Museum wurde das dreiflügelige Gebäude mit Barockfassade 1966. Kulturgeschichtlich bedeutende Gegenstände des Kreises Beckum (heute Warendorf) sollten erhalten und der Öffentlichkeit präsentiert werden. Sakrale und moderne Kunstwerke vom Mittelalter bis zur Gegenwart sind dort ausgestellt. In der Kruzifixsammlung unter dem Dach entdeckt man viele bekannte zeitgenössische Künstler: Joseph Beuys, Salvador Dalí, Marc Chagall, Otto Dix, Bernhard Kleinhans und andere. Das älteste Kreuz stammt aus dem 6. Jahrhundert. Die mit mehr als 800 Stücken größte Sammlung in Europa wächst stetig.

TIPP

In der Klosterkirche befindet sich auch die Reliquie des heiligen Simeon aus dem 9. Jahrhundert.

„Das hätte ich nicht gedacht, hier mitten auf dem Land ein solches Kleinod zu finden", staunt ein Radfahrer, der das Museum auf seiner Tour von Lippstadt nach Wadersloh „entdeckt" hat.

Der Leiter des Museums, Dr. Steinbach, tut alles, damit es Besucher nicht nur zufällig zu seinem Museum verschlägt. So können Kinder die Ausstellung mit einem Rätselparcours erleben oder Grafiken von Kühen betrachten und anschließend ihren I-Kuh testen.

Moderne und alte Kunst geben sich im Treppenhaus ein Stelldichein. Ein Anbau bietet der zeitgenössischen Kunst einen besonderen Erlebnisraum. Es gibt Speed-dating-cards für Kurzbesuche, besondere Themen wie Selfies, sprich Porträts in früheren Zeiten, und Brettspiele in einer Ausstellung „Mönch ärgere dich nicht". Ein Handwerkermarkt und Museumskonzerte im Sommer, Kino im Kreuzgang und wechselnde Sonderausstellungen zu moderner Kunst machen einen Besuch des Museums zusätzlich attraktiv. Der Eintritt ist frei.

● Museum Abtei Liesborn, Abteiring 8, 59329 Wadersloh, Tel. (0 25 23) 9 82 40
www.museum-abtei-liesborn.de
● ÖPNV: ab Bahnhof Lippstadt Bus R73, Haltestelle Liesborn,
Lippstädter Straße, ca. 5 Min. Fußweg

Heilsame Brise

63 Kuren in Bad Westernkotten

Nahe der alten Hanseroute am Hellweg schmiegt sich der idyllische Ort in die grüne Landschaft. Wenn Beate Sellmann sich in ihr feines Kostüm schwingt und das kecke Hütchen aufsetzt, ist die Verwandlung zu Friederike vom Schäferkamp perfekt. Mit großem Engagement und Liebe zu ihrer Heimat führt sie interessierte Kurgäste durch Bad Westernkotten. Wir starten im Kurpark bei den gewaltigen Gradierwerken, die durch eine artesische Quelle gespeist werden. An über 122 Metern spazieren wir entlang und atmen salzhaltige Aerosole. Wer mag, lässt sich auf einer Bank nieder und schaut zu, wie das Wasser an den Schwarzdornzweigen herunterrieselt. Die darin enthaltenen Sedimente färben sie langsam weiß – ganz ähnlich wie in einer Tropfsteinhöhle. Im Park flaniert man unter schönen alten Bäumen an Kunstwerken vorbei, tapst über Barfußpfade oder balanciert im Niedrigseilgarten über die stabilen Seile. Das trainiert das Gleichgewicht. Die Jüngsten lädt ein großer und vielseitiger Spielplatz zum Austoben ein.

TIPP

Das Restaurant Alter Kornspeicher bietet einen trefflichen Schmaus im historischen Fachwerkhaus.

Die Hellwegtherme bietet gleich nebenan Schwimmspaß und Solebecken. Herrliche Entspannung gibt es bei Moorbädern, Massagen und Kosmetikbehandlungen. Sole und Moor sind ein wahrer Gesundbrunnen für Muskeln und Gelenke. Der Stoffwechsel wird angeregt und Kraft und Energie getankt. Das Besondere des heilkräftigen Moores ist, dass es im nahe gelegenen Niedermoorgebiet Muckenbruch gestochen wird. Nach Gebrauch wird es dorthin zurückgebracht, damit es sich regenerieren kann. Nachhaltiger geht es nicht.

Im naturbelassenen Waldgebiet Muckenbruch finden wir zugewachsene Pfade, uralte Bäume und geheimnisvoll wedelnde Farne. Einfach märchenhaft. Spannender ist ein Besuch in der historischen Schäferkämper Wassermühle. Die Mauern atmen die feuchte Luft des plätschernden Mühlbachs. Alles sieht so aus, als hätte der Müller seinen Arbeitsplatz gerade erst verlassen. Mystisch wird es, wenn die untergehende Sonne durch die Baumkronen den Mühlteich bescheint. Ein wunderbarer Ort der Regeneration ganz in der Nähe!

....

● Tourist-Information, Westerntor 5c, 59597 Bad Westernkotten,
Tel. (0 29 43) 9 76 58 10, www.badwesternkotten.de (Service)
● ÖPNV: ab Bahnhof Lippstadt Bus R61, Haltestelle Bad Westernkotten, Zentrum

Süßes im alten Gemäuer

64 Das Café Hölter in Salzkotten

Kaffee und Kuchen? Gibt's hier, und zwar in vielen Variationen. Wer es schafft, an der Himbeertorte vorbeizukommen, hat die Wahl zwischen etlichen besonderen Kreationen. Joghurt-Heidelbeer-, Waldfrucht-Tiramisu-, Orangen-Schmand- wie auch Erdbeer-Knusper-Torte sind nur einige davon. Und alle sehen verführerisch aus und schmecken einfach köstlich.

Wolfgang Warnstedt liebt seinen Beruf. Seit Jahrzehnten schafft er mit Leidenschaft jeden Tag frisches Backwerk. Auch beim Brot gibt es viele leckere Sorten wie Schwabenkruste, Müslibrot oder das hier typische Paderborner Brot zu entdecken. Doch man kommt nicht nur wegen der erstklassigen Leckereien hierher. Das Café ist ein Ort der Begegnung und des ungezwungenen Miteinanders. Hier trifft man sich zum gemütlichen Kaffeeklatsch und um eine gute Zeit zu haben. Und zwar in einem besonders schönen Ambiente.

TIPP

Nach einem Spaziergang durch die historischen Gassen schmeckt es hier noch mal so gut.

Herzstück ist das Fachwerkhaus aus der Mitte des 17. Jahrhunderts. Juliane Hölter-Warnstedt weiß zu berichten, dass es immer einer Frau gehörte, der Mann des Hauses war angeheiratet. Und schon immer wurde in dem Vierständer-Ackerbürgerhaus Brot gebacken und Bier gebraut. Die frühere Tenne ist der größte Raum. Er besticht mit seiner Raumhöhe, der großen Toröffnung, welche vor langer Zeit durch ein riesiges Fenster mit eingelassenen Türen ersetzt wurde, und dem wunderschönen uralten Tudorfer Pflaster. Die kleinen Räume des Baudenkmals wurden früher teils als Altenteil genutzt. In den letzten Jahren wurde erweitert und auch ein Gartenzimmer sowie eine Terrasse angelegt.

Alle Zimmer sind so liebevoll eingerichtet, dass man sich gleich willkommen fühlt. Cooles Styling gibt es nicht. Jeder Raum ist anders und individuell mit alten Möbeln eingerichtet. Die Idee dazu kam Wolfgang Warnstedt in den 1980er-Jahren, als dieser Stilmix noch nicht populär war. Und seine Frau hat ihn mit einem glücklichen Händchen umgesetzt. Heute strahlt das Café eine Atmosphäre privater Behaglichkeit aus. Kein Wunder, dass die Gäste hier so glücklich sind.

● Cafe Hölter, Lange Straße 33, 33154 Salzkotten, Tel. (0 52 58) 58 44
www.cafe-hoelter.de
● ÖPNV: ab Bahnhof Paderborn Bus S90, Haltestelle Salzkotten,
Am Wallgraben, ca. 5 Min. Fußweg

Willkommen in Bullerbü

65

Der Sternschnuppenhof in Welver

Schon auf den Feldern begegnen sie der Besucherin: Alpakas mit einer Gruppe junger Frauen – ein Junggesellinnenabschied, für den die Tiere „gemietet" wurden. Zu Hause sind die Alpakas auf dem Sternschnuppenhof. Vor mehr als zehn Jahren haben sich Sabine Wollmann und Martin Sbosny-Wollmann einen Traum erfüllt und „ihr" Paradies gestaltet, auf einem alten Hof mit großer Tenne mitten im Grünen. Mit ihnen leben hier im Rahmen der tiergestützten Pädagogik Jugendliche, die es nicht leicht hatten im Leben.

Auf Anhieb fühlt man sich wohl auf dem Sternschnuppenhof. Nelson, der Kater, rekelt sich auf einem ausrangierten Koffer. Eine Mini-Kate dient als Lodge für Gäste und Freunde. Eine Landschildkröte streckt ihren Kopf zwischen den Blättern hervor. Kinder, die hier ihren Geburtstag feiern oder an einem Theaterprojekt teilnehmen, können im Pool planschen. Bunte Schirmchen hängen im Baum und eine Hühnerschar umkreist das Geschehen. Natürlich darf auch Phil Collins, der Hahn, nicht fehlen. „Er singt mittlerweile kräftiger als sein menschliches Vorbild", schmunzelt Martin.

Die Alpakas sind inzwischen zurückgekehrt und haben ihre Häuschen bezogen. Als sie den Besuch bemerken, strecken sie ihre Köpfe heraus und kommen an den Zaun. Alpakas sind neugierig. Sie lassen sich streicheln und fotografieren. Chewy und Heinz posieren. Da Alpakas im Moment im Trend liegen, haben Sabine und Martin einen Ratgeber verfasst: „Alles Alpaka – oder was?" So vermitteln sie ihr Wissen über die flauschigen und liebenswerten Tiere, die Menschen dazu anregen, zu entschleunigen und die Welt mit ihren tierischen Augen zu sehen. Frei nach dem Motto: Ein Leben ohne Alpakas ist möglich, aber sinnlos.

Beglückt und entschleunigt macht sich die Besucherin nach einem Glas Cassis-Limonade auf den Weg. Und kommt sich vor, als habe sie den Nachmittag in Bullerbü verbracht.

TIPP

Ein Spaß für die ganze Familie. Besser vorher anmelden!

● Sternschnuppenhof, Ringstraße 20, 59514 Welver,
Tel. (0 25 27) 9 18 17 20 oder (01 71) 8 34 72 19, www.sternschnuppenhof.de
● ÖPNV: ab Bahnhof Hamm oder Soest RB89 bis Welver Bahnhof,
Bus B2, Haltestelle Stocklarn

Klangvolle Zeitreise

66 Die gotische Orgel in Ostönnen

Ist sie nun die älteste spielbare Orgel der Welt oder eine der ältesten Orgeln? Experten sind sich nicht einig. Tatsache ist, dass Teile der Orgel in der St. Andreaskirche in Ostönnen auf das 15. Jahrhundert zurückdatiert werden können. Die ältesten Holzteile der Windlade und des Blasebalgs stammen aus den Jahren 1410–16. Ein Wunder, dass dieses Instrument noch immer erklingt!

An diesem lauen Maiabend führt der „Titular-Organist" Léon Berben mit seiner Musik quer durch das Europa des 16. und 17. Jahrhunderts. Virtuos, mit vielen Verzierungen, spielt der Meister seines Fachs die alten Stücke. Schwungvoll die erste Komposition. Melodiös wie eine Choralmelodie die zweite des englischstämmigen Komponisten Peter Philips. Ihren Höhepunkt erreicht die kunstvolle Darbietung mit einer Passacaglia des Italieners Girolamo Frescobaldi. Leicht schwebt die Musik durch den Raum und lässt Elfen und Feen vor dem geistigen Auge der Zuhörenden tanzen. Stark erklingt die Trompete, weich und hell in den hohen Stimmen Quinta und Sesquialter. Der Blick schweift durch das Gewölbe, bleibt an den kunstvollen Wandmalereien hängen. Es ist der Klang einer versunkenen Welt.

Immer neue Farben entlockt der Künstler dem Instrument. Zwischendurch greift er über das Notenpult und zieht andere Register – normalerweise sind diese an den Seiten angebracht. Helle Kronen setzt die Mixtur der Melodie auf. Schließlich entführt der Organist mit Musik von Antonio de Cabezón in das Spanien des 16. Jahrhunderts. Kaum zu glauben, dass auf nur einem Spieltisch, genannt Manual, so verschiedenartige Musik erzeugt werden kann! Das Pedal ist „angehängt" und hat keine eigenen Register. Moderne Orgeln sind meist weitaus umfangreicher angelegt. Dieses Instrument mit seinem gotischen Ursprung und den vielen Elementen aus der Barockzeit passt perfekt in die Kirche St. Andreas. Denn auch das Gotteshaus steht seit rund 800 Jahren. So fügen sich Raum und Klang zusammen zu einer harmonischen Einheit. Sie nehmen die Zuhörenden mit auf eine unvergessliche Zeitreise.

● Gotische Orgel, Evangelische St. Andreas-Kirchengemeinde Ostönnen, Im Schloot 10, 59494 Soest, www.kirche-ostoennen.de
● ÖPNV: ab Bahnhof Soest Bus C5, Haltestelle Ostönnen

Alles für die Gartenliebe

67

Die Gärtnerei Maria Renner in Hamm

Inmitten von Feldern an dem Flüsschen Ahse liegt idyllisch und verwunschen ein westfälischer Hof. Anno dazumal im Jahre 1392/93 wurde die Hofstätte „Haus Gröneberg" erstmals erwähnt. Ein Urahn erwarb sie um 1809. Wessen Familie seit Jahrhunderten hier lebt, fühlt sich verpflichtet. Und so wundert es nicht, dass neben der Gründerin Maria Renner der Ehemann und inzwischen sogar die beiden Töchter hier gemeinsam wirken.

Heute sind auf dem Bauernhof Gärtnerei und Floristik zu Hause. Dafür bilden der Hof und die urigen Gebäude eine besonders reizvolle Kulisse. Draußen auf dem Hofgelände blüht und grünt es in allen Farben der Saison. Es ist eine Lust, zwischen den Tischen hindurchzuschlendern, an Rosen und Kräutern zu schnuppern und sich aus den vielen Stauden die schönste herauszusuchen. Neben einer großen Auswahl erwarten den Pflanzenfan kreative Gestaltungsideen. Früher war ein Stück Land überwiegend zum Anbau von Nutzpflanzen gedacht und bedeutete Arbeit. In unserer Zeit nutzt man Garten und Terrasse dagegen als erweitertes Wohnzimmer. Es werden nicht nur Gemüse und Blumen gepflanzt, es wird gestaltet und dekoriert. Auch der Wohnaußenbereich soll mit einem einladenden Ambiente aufwarten, das bequeme Ästhetik und Entspannung bietet. Die schönen Dinge dafür findet man hier.

Im rustikalen Gebäude, das an eine Scheune erinnert, offeriert Familie Renner ein attraktives floristisches Angebot: wunderschöne Gefäße, Kränze und Accessoires, immer jahreszeitlich passend und stilvoll dekoriert. Selbstverständlich wird auch auf Wunsch angefertigt. Sehr beliebt sind daneben die Adventsausstellungen auf dem Hof. Was der Weihnachtsfreund wünscht, steht hier in vielen Farben und Variationen bereit. Große Ereignisse sind hier gut aufgehoben. Das Schmücken der Hochzeitstafel wie das Binden des Brautstraußes werden gern ausgeführt. Traumhafte Inspirationen für originelle und grandiose Tischgestaltungen zeigt die Familie auch auf den Veranstaltungen „Landpartie" sowie „Winterzauber" auf Gut Kump in Hamm.

TIPP

Familie Renner bietet auch professionelle Hilfe bei der Gartengestaltung und -pflege an.

● Maria Renner, Grönebergstraße 16, 59071 Hamm, Tel. (0 23 85) 22 89
www.maria-renner.de

Wir werden immer schöner!

Mrs. Clou in Lippstadt

Sie haben Ihren eigenen Stil und lieben das Besondere? Oder wünschen Sie sich eine Stilveränderung? Willkommen in diesem kleinen Paradies, hier werden Sie fündig! Die liebenswürdige Begrüßung kommt von Herzen, denn Birgit Küchemann freut sich aufrichtig, jede Kundin persönlich und individuell zu beraten. Darum gibt es in ihrer Boutique nur ausgewählte Kleidungsstücke von kleinen Marken. Diese Mode ist in großen Kaufhäusern oder bei Ladenketten nicht zu finden. Leinenbekleidung aus Israel, fair hergestellte Stücke aus deutscher Produktion oder fetzige Mode aus den Niederlanden oder Frankreich hängen auf den Kleiderbügeln. Die Chefin braust quer durch Europa, um ihre Kollektion zusammenzustellen. Nicht ohne Grund reisen Kundinnen von weit her an. Das gut bestückte Geschäft befindet sich in einem schmucken Fachwerkhaus mitten in Lippstadt. Die hübschen Sachen in den Schaufenstern sieht man gleich, doch wie großartig die Beratung ist, merkt man erst, wenn man den Laden betritt.

TIPP

Birgit Küchemann kommt auf Anfrage mit ihrer Ware zu Kundinnen oder verschickt eine Auswahl per Post.

Die Modeliebhaberin ist Spezialistin darin, achtsam darauf zu schauen, welcher Stil der Kundin gefallen und guttun würde. Wie wirkt welche Farbe, wie wirken die verschiedenen Materialien und Schnitte und welche Körperhaltung nimmt die Kundin in welcher Kleidung ein? Ja, sogar die Stellung der Füße fällt ihr auf und sagt ihr etwas über das Wohlgefühl der Kundin. Die Inhaberin dieser einzigartigen Boutique ist Fachfrau für Stilberatung, die man bei ihr buchen kann. Eine persönliche Beratung braucht Zeit und Muße. Und die nimmt sie sich. „Ich möchte Inspirationen schenken", ist ihre Motivation. Eine wunderbare Philosophie, wie man sie nur selten findet.

Birgit Küchemann bietet auch außerhalb ihrer Geschäftszeiten Beratung an, denn „Clou und dazu" ist ihr Konzept. Das alles zu fairen Preisen. Ein Outlet gibt es außerdem in der zweiten Ladenhälfte. Darüber hinaus kann man mit Freundinnen eine Anprobierparty buchen – mit Piccolöchen und Musik wird der Einkauf tatsächlich zur Party. Glücklich, wer den Weg hierher findet.

● Mrs Clou, Inhaberin Birgit Küchemann, Poststraße 4 + 6, 59555 Lippstadt,
Tel. (0 29 41) 72 00 59 oder (01 51) 15 68 30 86, www.mrsclou.de
● ÖPNV: ab Bahnhof Lippstadt ca. 10 Min. Fußweg

Wie im Schlaraffenland

69 Das Bauernhofcafé Kapellenhof in Etteln

Der Weg führt uns durch Felder, Wälder und bäuerliche Ansiedlungen. Immer begleitet vom Flüsschen Altenau, das munter entlang der Straße vorbeirauscht. Am Ende der Landstraße liegt ein schöner Bauernhof aus dem 18. Jahrhundert.

Wo einst Land- und Viehwirtschaft betrieben wurden, schuf das Ehepaar Lohmann eine Kaffee- und Vesperstube. In guter Tradition werden köstliche Torten selbst gebacken und herzhafte Leckereien zubereitet. Wem bei der verführerischen Auswahl die Entscheidung schwerfällt, der wählt am besten gleich die Gewittertorte. Traumhaft lecker! Für Leckermäulchen, die es lieber deftig mögen, gibt es eine Palette an Wurst- und Käseplatten oder Bratkartoffeln mit Sülze. Zum Dessert darf es gern eine Eisspezialität sein. Familienfreundlich sind hier nicht nur die Preise. Für bewegungsfreudige kleine Menschenkinder gibt es reichlich Platz. An Klettergerüsten, im Sandkasten und an vielen anderen Spielgeräten lässt es sich prima austoben. Auf der Weide nebenan kann man niedlichen Eseln und Ponys zuschauen und in einem Gehege warten neugierige Ziegen auf Streicheleinheiten.

TIPP

Nach Vereinbarung öffnet der Hof für Gruppen auch außerhalb der Öffnungszeiten!

Rings um die große Terrasse lockt ein liebevoll angelegter Garten mit Staudenrabatten, Kräutern und Rosen zum Schnuppern und Durchstreifen. Wer dem Treiben lieber zuschauen möchte, lässt sich auf einem der Terrassenstühle nieder, streckt die Beine aus und hält die Nase in die Sonne. La Dolce Vita für jedermann.

Der Hof hat seinen Namen von der zugehörigen Kluskapelle aus dem Jahr 1677. Das beschauliche Kleinod lädt den Besucher zu Einhalt und Besinnung ein. Schon beim Eintreten schaut man auf das wunderschöne Bild der heiligen Lucia, welches den Altar ziert. Wer mag, trägt sich in das Gästebuch ein und zündet eine Kerze an. Auch wer die Ruhe nicht gesucht hat, wird sie hier finden. Das wildromantische Altenautal ringsherum lädt zum Wandern und Radfahren ein. Ob man am Hof eine Rast einlegen möchte oder gezielt hierherkommt, um sich einen Tag lang zu erholen, der Weg lohnt sich immer.

● Bauernhofcafé Kapellenhof, Zur Kapelle 5, 33178 Borchen, Tel. (0 52 92) 8 05
www.kapellenhof.net
● ÖPNV: ab Bahnhof Paderborn Bus R71, Haltestelle Borchen-Etteln Siedlung, ca. 20 Min. Fußweg

Kunst unter freiem Himmel

70

„Wegmarken am Hellweg" zwischen Soest und Möhnesee

Um es vorwegzusagen: Es lohnt sich, in den Sattel zu steigen und die „Wegmarken am Hellweg" abzufahren. Der Radweg verbindet Skulpturen einheimischer Künstler und Künstlerinnen, die zwischen 1998 und 2001 in der Landschaft aufgestellt wurden. Voraussetzung für die knapp 60 Kilometer lange Strecke von Soest zur Möhne und zurück ist eine gute Kondition oder ein E-Bike. Es geht über den Haarstrang, einen Gebirgskamm, der die Hellwegregion vom Sauerland trennt. Belohnt wird man mit einem grandiosen Panorama und abwechslungsreichen Landschaften. Also heißt es: auf von Soest in Richtung Süden. Das erste Kunstwerk steht nahe der Autobahnauffahrt A44. „You see what You know.", heißt es auf dem blauen Schild, nachempfunden einem Autobahnwegweiser. Von hier aus ist der Skulpturenweg gut

TIPP

„Auf'n Käffken" auf der Terrasse am Ostufer des Möhnesees!

ausgeschildert. Nun geht es hinauf; über Nebenstraßen, teilweise Schotterwege, durch ein Militärareal und ein Naturschutzgebiet führt die Route. Wälder, Felder und Dörfer wechseln sich ab. Das nächste Kunstwerk „Bodenfaltung" verbirgt sich fast zwischen Gräsern. Auffälliger ist da schon die „Kontur", nachempfunden dem Querschnitt eines Lindenstamms. Sie steht auf der Gemeindegrenze zwischen Soest und Möhnesee und dient als Symbol für die Wegweiser. Für den „Himmelskörper" fährt man auf einen Pferdehof. Höhepunkt ist der „Ring der Kraft" mit acht Stahlskulpturen am Waldrand. Wer sich umdreht, genießt einen weiten Blick in die Soester Börde. Kurz darauf beginnt die Abfahrt zur Möhne. Grandios der Blick von oben auf die Talsperre. Unbedingt auf einer der Bänke den Ausblick genießen. Oder später picknicken am Ufer – durchatmen, Entspannung!

Zurück führt die Route auf der Westseite. Zunächst geht es wieder hinauf; bei der Abfahrt über Theiningsen gut festhalten, das Rad nimmt an Fahrt auf. Nicht den „Torso" mit den glitzernden Flügeln verpassen! Der regional bekannte Künstler Fritz Risken hat im Tal stählerne „Galgenvögel" an einer historischen Hinrichtungsstätte aufgebaut. Schlusspunkt ist ein Apfel aus Bronze im Dorf Paradiese.

● Start am Bahnhof Soest, GPS-Daten und Plan: www.wegmarken-am-hellweg.de
● ÖPNV: ab Bahnhof Soest mit dem Rad Richtung Delecke

Waldumrauschtes Juwel

71

Das Dörfchen Kirchwelver in der Soester Börde

Mitten im größten zusammenhängenden Waldgebiet der Soester Börde findet sich ein wahrer Ort des Glücks: das Dörfchen Kirchwelver, Teil der Gemeinde Welver. Herausgeputzt glänzt der Ort in der Frühlingssonne. Von Ferne dominiert der Kirchturm von St. Bernhard. Wer genauer hinsieht, entdeckt eine zweite, kleinere Kirche daneben: die evangelische Kirche St. Albanus und Cyriakus.

Bemerkenswert ist der Kirchweg im Halbrund um die Gotteshäuser: Auf Kopfsteinpflaster gruppieren sich malerische Fachwerkhäuser. Neben dem ehemaligen Küsterhaus befindet sich ein „Bücherhäuschen", stilecht ebenfalls im Fachwerk. Der Bernhardbrunnen zeigt sich vor der Kulisse der beiden Kirchtürme jeweils den Jahreszeiten entsprechend im schönsten Schmuck. Ja, der ganze Ort wirkt wie ein Freilichtmuseum. Hier leben ganz offensichtlich Menschen, die dieses Dorf liebevoll hegen und pflegen.

TIPP

Wanderschuhe mitnehmen für einen Waldspaziergang!

Der Ursprung des hübschen Örtchens liegt im Dunkeln. Klar ist, dass die Geschichte des Dorfs, das heute Kirchwelver genannt wird, eng mit der des Zisterzienserinnenklosters St. Mariä verbunden ist. Bis ins 13. Jahrhundert reichen die Anfänge dieser Klosteranlage zurück. Die kleinere Kirche gehört in diese Ursprungszeit. Später wurde sie evangelisch. In der Zeit des Barock entstand die mächtige katholische Kirche St. Bernhard nebenan. Eine prunkvolle Ausstattung und der aufragende Hochaltar sind ihr Kennzeichen. Aus dieser Zeit datiert auch der gut erhaltene Westflügel der Abtei.

Das ehemalige Backhaus des Klosters diente übrigens von 1807 bis 1965 als Dorfschule. Heute findet sich dort das Heimathaus. Besichtigt werden können dort sonntags Arbeitsgeräte, Spinnräder und Wohneinrichtungen aus dem 19. Jahrhundert. Im ehemaligen Klosterhof ist ein Bibelgarten angelegt. Neben dem Taufbecken, den Stationen „Glaube", „Hoffnung" und „Liebe" gibt es auch einen brennenden Dornbusch. Das ist der Ort, an dem laut Überlieferung Gott mit Moses sprach, in einer anderen Zeit, in einem anderen Teil der Welt.

So viel Geschichte, so viele Geschichten sind hier zu entdecken!

● Heimatverein Kirchwelver, Klosterhof 10, 59514 Welver, Tel. (0 23 84) 18 33
● ÖPNV: ab Hamm Bahnhof RB89 bis Welver, ca. 20 Min. Fußweg

Plüsch und Kaffeeklatsch

72 Das Café Tante Erna in Brakel

Nein, was ist das hier gemütlich! Tische und Stühle in einem bunten Stilmix und das Sofa und der Couchtisch im hinteren Wohnzimmer sind nicht von heute. Hier ist vieles alt und alles fein und freundlich. Im Café Tante Erna darf es aussehen wie bei Oma. Sogar die Häkeldeckchen und die Sammelservice sind stilecht. Wer im Alter schon etwas fortgeschritten ist, kennt das ein oder andere Teilchen noch von den eigenen Großeltern. Und gerade das macht die behagliche Atmosphäre aus. Dazu mischt sich der köstliche Duft von frisch zubereiteten Kaffeespezialitäten, hier lässt man sich gern nieder und bedienen. In der Theke locken himmlische, süße kleine Sünden zum Vernaschen. Da möchte man auch gar nicht widerstehen. Denn alles wird täglich frisch zubereitet und schmeckt einfach köstlich fruchtig, schokoladig, cremig, sahnig, zart und lecker.

TIPP

Im Winter gibt es Glühwein, Lumumba, Punsch und Co. auch draußen an der Feuertonnenbar.

Was kann entspannender sein, als sich in einem der molligen Sofas zurückzulehnen, ein leckeres Stückchen Torte zu genießen und dabei dem beschaulichen Treiben draußen vor den Schaufensterscheiben zuzuschauen? Oder man bestaunt die schönen alten Dinge, die hier mit viel Liebe zum Detail zusammengetragen wurden.

Die Stadt Brakel war schon im Mittelalter eine Hansestadt mit umtriebiger Kaufmannschaft. Wer heute das Städtchen besucht, kann viele gut erhaltene historische Häuser bewundern. Idyllisch und heimelig wirkt es heute. Und inmitten anderer kleiner Geschäfte haben Nicole Reineke und Martin Braun in einer ehemaligen Bäckerei ihr außergewöhnliches Café platziert. Die von allen „Tante Erna" gerufene war die Oma von Nicole Reineke. Da es bei ihr immer Kaffee und etwas Leckeres zu essen gab, kamen gern Gäste zu ihr. Und dieses Konzept haben die beiden Inhaber kurzerhand übernommen. Schon morgens kann hier ein leckeres Frühstück bestellt werden, mittags gibt es etwas Warmes auf den Teller und nachmittags Kaffee und Kuchen. Und im Sommer kann man all die Köstlichkeiten auch auf den Sitzplätzen draußen vor dem Lokal genießen.

● Cafe Tante Erna, Hanekamp 1, 33034 Brakel, Tel. (01 76) 6 21 37 88
www.tanteerna.de
● ÖPNV: ab Bahnhof Altenbeken RB84 bis Brakel, ca. 10 Min. Fußweg

Weißes Gold

73 Das Museum Westfälische Salzwelten in Bad Sassendorf

Salzgewinnung und Salzproduktion prägten den Hellweg von Unna bis Salzkotten seit dem Mittelalter. Doch wie kam es dazu und wie ging das vor sich? Welche Bedeutung hat das Salz im Alltag? Die Antworten darauf finden sich im Museum Westfälische Salzwelten in Bad Sassendorf. Stilecht und passend zum Ambiente des Kurorts ist das Museum in einem alten Gehöft untergebracht, dem Hof Haulle. Im Fachwerkhaus gibt es viel zu entdecken: Spielerisch und interaktiv werden große und kleine Spielkinder an das Thema herangeführt.

Die Salzgewinnung erfolgte in den Orten am Hellweg tief aus der Erde, aus der Sole. Über den mittelalterlichen Handelsweg wurde das Weiße Gold vertrieben. Allerdings war die Salzkonzentration in der Sole, dem Salzwasser, nicht sehr hoch. Aufwändige Prozesse waren zur Gewinnung des Weißen Goldes notwendig: Zunächst wurde die Konzentration im Gradierwerk erhöht. Im nächsten Schritt wurde es in den Siedehütten über Holzfeuer erhitzt, das bedeutete Schwerstarbeit. Das Salzgeschäft lag in Bad Sassendorf wie überall in den Händen der „Erbsälzer", einer eigenen Zunft. Es war wohl einträglich: Die Erbsälzer zogen bald von Bad Sassendorf in die wohlhabende Nachbarstadt Soest. Im 20. Jahrhundert lohnte sich die Salzproduktion nicht mehr. Da war die heilende Wirkung des Salzes jedoch längst bekannt und so wurden die Salzorte zu Kurbädern.

Viele Aspekte rund um das Thema „Salz" werden im Museum behandelt. So können Salzkristalle im Mikroskop betrachtet oder in einem Baukasten nachgebaut werden. Spielerisch lässt sich erraten, wie hoch der Salzgehalt in Speisen ist, oder wozu Salz im menschlichen Körper notwendig ist. Über eine App gibt es weitere Informationen.

Familien sind dem Team der Westfälischen Salzwelten wichtig. Deshalb gibt es regelmäßig Führungen für Kinder, Themenwochenenden und Workshops. Übrigens: Auch auf dem Museumsgrundstück sprudelte einst eine kleine Salzquelle. So schließt sich der Kreis.

● Westfälische Salzwelten, An der Rosenau 2, 59505 Bad Sassendorf,
Tel. (0 29 21) 9 43 34 35, www.westfaelische-salzwelten.de
● ÖPNV: ab Bahnhof Bad Sassendorf kurzer Fußweg

Fast wie in Sri Lanka

74 Der Sri-Kamadchi-Ampal-Tempel in Hamm

Manche Glücksorte findet man nicht zufällig. Man muss sie gezielt aufsuchen. Der Hindutempel in Hamm-Uentrop ist ein solcher Ort. Mitten im Industriegebiet erhebt sich ein bunter Turm. Wer ahnt schon, dass es sich dabei um das größte hinduistische Zentrum auf dem europäischen Festland handelt?

Zunächst heißt es: Schuhe ausziehen und Lederteile ablegen. Im Halbdunkel des Gebetsraums zieht der Schrein in der Mitte die Blicke auf sich. Er ist umrahmt von Skulpturen der namengebenden Göttin Kamadchi. „Liebe, Begehren" und „Auge", „Auge der Liebe" bedeutet ihr Name. Kennzeichen sind die vier Arme.

Um zwölf Uhr beginnt eines der drei täglichen Rituale, genannt „Puja". Es wird eingeleitet durch den hellen Klang einer Glocke. Tiefe, vibrierende Töne einer Sitar, einer Langhalslaute, begleiten die Zeremonie. Ein Trommelspieler beginnt zunächst langsam, steigert dann das Tempo, während der Priester eine Prozession durch den Raum anführt. Ein Schrein nach dem anderen wird geöffnet. Gesänge und ein Blasinstrument, vergleichbar einem Alphorn, begleiten die Zeremonie. Die Intensität nimmt zu. Langsam bewegt sich die Gruppe durch den Raum. Zum Tempelfest einmal jährlich findet eine große Menschenmenge den Weg hierhin. Dann gibt es den Großen Umzug. Dabei wird die Göttin Kamadchi auf einem buntgeschmückten Wagen um den Tempel gezogen. Am nächsten Tag folgt die Prozession zum nahe gelegenen Kanal.

Die Geschichte des Tempels ist eng mit der Migrationsgeschichte der Tamilen verbunden. Der Hindupriester Arumugam Paskaran floh in den 1980er-Jahren aus dem Bürgerkriegsland Sri Lanka. Eine Odyssee führte ihn von Moskau in Richtung Paris. Weil er Hunger hatte, stieg er unterwegs aus – in Hamm. Dort blieb er. Ein kleiner Tempel entstand, bevor 2002 der große Sri-Kamadchi-Ampal-Tempel eingeweiht wurde. Nach dem mittäglichen Puja sind alle Gäste zum Essen eingeladen: Reis, Dhal, geröstete Chilischote und Gemüse schmecken vorzüglich. Gegessen wird mit den Händen. Augen schließen und genießen!

● Sri-Kamadchi-Ampal-Tempel, Siegenbeckstraße 4–5, 59071 Hamm,
Tel. (0 23 88) 30 22 23, www.hinduistische-gemeinde-deutschland.de
● ÖPNV: ab Bahnhof Hamm Bus 5B Richtung Uentrop,
Haltestelle Graevinghoffstraße

Leidenschaft für Stoffe

75 Das TuchKontor in Bad Sassendorf

Handarbeit kommt wieder in Mode. Aus Wolle oder schönen Stoffen wunderbare Stücke zu fertigen, liegt im Trend. Im TuchKontor in Bad Sassendorf gibt es für Menschen, die sich ihr individuelles Kleidungsstück nähen wollen, alles, was das Herz begehrt.

Das TuchKontor ist nicht nur ein einfacher Laden, nein, es ist viel mehr: Im TuchKontor hat Jayne Dringenberg ihre Leidenschaft für schöne Stoffe verwirklicht und aus ihrem Hobby einen Beruf gemacht. Kundschaft kommt aus dem Kurort selbst, aber auch von weiter her, aus Düsseldorf oder sogar aus St. Peter Ording. Ihre feinen Stoffe aus Baumwolle, Wollstoff oder Seide bezieht die Inhaberin oft aus der Region, zum Beispiel bei „Westfalenstoffe" aus Münster und von „Acufactum" aus Iserlohn. Hobbyschneiderinnen finden bei ihr alles: expressive Muster, leuchtende Farben, aber auch dezent pastellfarbene Stoffe. „Ich lege Wert auf Nachhaltigkeit und achte beim Einkauf auf die Produktionsbedingungen", sagt sie. Natürlich gibt es in dem Laden in Bahnhofsnähe ebenfalls passende Garne und Schnittmuster. „Für meine Kundinnen ist es manchmal schwierig, sich vorzustellen, wie ein Schnittmuster im ‚fertigen Zustand' aussieht, daher nähe ich ein Beispiel als Dekoration für mein Schaufenster", schmunzelt Frau Dringenberg. Verkäuflich sind diese Ausstellungsstücke nicht. Vor Corona hat sie Nähkurse angeboten und will das wohl auch wieder aufnehmen. „Die Liste der Interessentinnen ist sehr lang!"

Jayne Dringenberg stammt aus North Yorkshire in England. Vor mehr als 20 Jahren ist sie nach Bad Sassendorf gezogen, „der Liebe wegen". Vor einigen Jahren hat sie sich mit dem TuchKontor selbstständig gemacht. Selbstgenähtes ist ihr von Kindheit an vertraut. Schon ihre Mutter hat mit Hingabe geschneidert. Jetzt gibt sie diese Passion weiter an andere.

Mittlerweile bietet sie ihre Waren auch im Onlineshop an. Doch eigentlich sollte man sich das Erlebnis des Einkaufs nicht entgehen lassen. Wer in das TuchKontor kommt, wird gerne und gut beraten. Was für ein Glück!

....

● TuchKontor, Bahnhofstraße 19, 59505 Bad Sassendorf, Tel. (0 29 21) 9 43 42 53
www.tuchkontor.de
● ÖPNV: ab Bahnhof Bad Sassendorf kurzer Fußweg

Wir fahren ans Meer!

76 Der Alberssee in Lippstadt-Lipperode

„Ich geh jetzt ins Meer." Die Fünfjährige hüpft fröhlich mit ihrem kleinen Bruder in das seichte, warme Wasser. Was? Meer? In Lippstadt? Den Kindern ist es egal, ob sie in einem richtigen Meer planschen oder im Alberssee, der als Besonderheit einen feinsandigen großen Strand zu bieten hat. Hauptsache Wasser und Sand. Sie bauen Sandburgen, buddeln Kanäle, füllen Eimer mit Sand, genau wie am Meer. Nur gibt es hier keine hässlichen Quallen oder Schlingalgen, die sich um die Füße winden. Auf dem Spielplatz lockt zudem ein hölzernes Piratenschiff zum Klettern und Rutschen.

Über die Naivität der Kleinen lächeln die älteren Kinder nur. Doch auch für sie hat der Alberssee eine Menge zu bieten. Man kann Tretboot fahren, Stand-up-Paddling machen und natürlich schwimmen. Hinter dem Flachwasserbereich, der durch ein Seil abgesperrt ist, geht es gleich ins Tiefe. Wer eine gute Kondition hat, schwimmt um die mitten im See liegende Insel herum. Wer mag, liefert sich mit den Enten ein Wettschwimmen. Auch die Enten lieben diesen See mit seinem klaren Wasser und den angenehmen Temperaturen im Sommer.

TIPP

Rund um den Alberssee gibt es viele Wander- und Radwege.

Familien richten sich am Alberssee bei gutem Wetter ein, mit Picknickkorb sowie Schwimm- und Sandsachen. Wer es bequem liebt, kann sogar Liegen mit Bastsonnenschirmen mieten. Ansonsten tut's auch eine Decke. Schatten spenden die Bäume, die den Strand vom Rad- und Fußweg trennen. Vorübergehende bleiben oft stehen, um dem munteren Treiben zuzuschauen.

Wer eine Erfrischung braucht oder hungrig ist, findet Getränke und verschiedene kleine Gerichte im Kiosk des Strandbads. Eine Plattform direkt am Wasser, mit Tischen und Stühlen, lädt zum Hinsetzen ein. Aus der erhöhten Perspektive lassen sich die tatsächlichen Ausmaße des Sees erahnen. So groß ist der See, dass sich an ihm auf der gegenüberliegenden Seite des Strandbads ein Segelclub angesiedelt hat. Man kommt sich aber nicht in die Quere, denn die Segelboote tummeln sich in dem Bereich hinter der Insel. So fern das Meer, so nah der See.

● Strandbad Alberssee, Seeuferstraße 15, 59558 Lippstadt, Tel. (0 29 48) 5 82
● ÖPNV: ab Bahnhof Lippstadt ca. 5 km mit dem Rad

Mach mal Pause!

 77 Kleines Tee- und Caféhaus im Kurpark Bad Sassendorf

Ein warmer Frühlingstag mit blühenden Narzissen und Tulpen, ein Spaziergang mit der Freundin und ihrem Hund. Eine entspannte „Teatime" im Grünen vor malerischer Fachwerkkulisse. Was braucht es mehr zum Glück?

Das „kleine Tee- und Caféhaus" im Kurpark Bad Sassendorf lädt zu einer Pause im Alltag ein. Entspannt sitzt man draußen auf Stühlen mit königsblauen Kissen und kann sich mit roten Decken wärmen. Sonnenschirme halten bei Bedarf die Hitze ab. Geschützt, aber dennoch nah am Geschehen befindet sich das Café. Lieblingsplatz ist ein runder Tisch vor einem zur Kugel frisierten Buchsbaum. Einmal durchatmen, bitte, bevor die Kellnerin Tee in Kännchen bringt. „Margarets Hope" nennt sich ein dunkler Darjeeling-Tee. Leicht und blumig kommen die Grüntees daher, etwa mit Mango-Aroma oder als japanischer Blütentee. Das heiße Getränk lässt den Lärm der Welt vergessen, wie ein Sprichwort schon sagt. Doch auch, wer Kaffee liebt, kommt nicht zu kurz. Egal, ob Milchkaffee oder Cappuccino, alles ist frisch zubereitet und mundet vorzüglich. Dazu wird Kuchen aus der eigenen Konditorei angeboten. Zu empfehlen ist der vor Ort gebackene Apfelkuchen. Besonders lecker schmeckt auch der Kirsch-Käsekuchen.

Das Innere des Cafés ist gediegen und liebevoll rustikal eingerichtet. Wem der Tee geschmeckt hat, kann das „kleine Glück" in Tüten verpackt mit nach Hause nehmen. Auf Anfrage nimmt die Bedienung eine der blauen Dosen aus dem Regal und wiegt die schwarze Kostbarkeit ab.

Wer vermutet schon, dass dieses schmucke Fachwerkhaus Mitte des 19. Jahrhunderts eine Seifen- und Sodafabrik beherbergte? Nach Einstellung des Betriebs wurde es als Kinderbadehaus der „Kinderheilanstalt" Bad Sassendorf genutzt. Jetzt dient es Kurgästen, aber auch Einwohnerinnen und Touristen als Oase im Park unweit der Konzertmuschel.

So erholt, lässt sich der Spaziergang fortsetzen. Oder erfrischt und entspannt das Tagwerk wieder aufnehmen.

● Kleines Tee- und Caféhaus, Im Kurpark, 59505 Bad Sassendorf,
Tel. (0 29 21) 3 44 56 85 (Verwaltung), www.cafe-sassendorf.de
● ÖPNV: ab Bahnhof Bad Sassendorf ca. 15 Min. Fußweg

Wanderlust mit Gänsehaut

78

Die Iburg im Eggegebirge bei Bad Driburg

Der Wanderweg führt uns durch einen Teil des Teutoburger Waldes hinauf auf den Berg. Im Herbst strahlt das Himmelblau zwischen dem goldenen Blätterdach hindurch und es duftet würzig nach Baumrinde und fallenden Blättern. Moosgeküsste Baumriesen säumen den Pfad, neben dem es nach einer Weile steil hinabgeht. Man ahnt es nicht mehr, doch vor hunderten von Jahren war hier der Burggraben der Iburg. Heute wachsen dort unten Baumschösslinge, hoch darüber schimmert zwischen Zweigen und Blattwerk eine Ruine hindurch.

Sagen und Geheimnisse umweben das Gemäuer, welches versteckt zwischen Sträuchern auf dem Bergrücken thront. Germanen, Franken und Sachsen lebten, kämpften und mordeten hier. Das liegt zwar Jahrhunderte zurück und ihre Gebeine sind längst zum Staub der Geschichte verfallen, doch ihre Geister scheinen noch immer die Ruine der Iburg zu umwehen. Geht man auf ausgetretenen Trittsteinen zwischen den Mauerresten hindurch, erkennt man noch die halbrunden Fensterhöhlen und Durchgänge. Der Hauch der Geschichte atmet aus den Mauerfugen.

TIPP

Eine Reservierung in der Sachsenklause ist empfehlenswert. Im Herbst steht Wild auf der Speisekarte.

Sobald man sich von der Atmosphäre losreißt und den Blick weitet, öffnet sich eine grandiose Aussicht über das Tal. Das Städtchen Bad Driburg liegt unter uns. Neben der Burgruine, die ganzjährig frei zugänglich ist, steht der restaurierte Kaiser-Karls-Turm. Es lohnt sich, die Stufen im Innern zu erklimmen. Oben schaut man aus den Schießscharten noch weiter in die Ferne. Zudem bekommt man auf den schmalen Steinstufen ein Gefühl für die alten Zeiten, in denen hier Ritter die Burg verteidigten.

Der familientaugliche Pfad hinauf zur Iburg ist nicht allzu steil und kann auch von weniger Trainierten gut bewandert werden. Wer mag, fährt mit dem Auto bis zu einem der zwei Parkplätze, um dann nur einen Teil der Stecke zu gehen. Alternativ steuert man gleich den Gipfel an. Unmittelbar neben dem Turm werden in der fast hundertjährigen Sachsenklause hungrige Wanderer und Ausflügler bewirtet, die schmausend drinnen oder draußen die Aussicht genießen können.

● Restaurant Sachsenklause, Westenfeldmark 6, 33014 Bad Driburg, Tel. (0 52 53) 24 04, www.sachsenklause.de
● ÖPNV: ab Bahnhof Bad Driburg Bus S30, Haltestelle Bad Driburg, Eggeweg, ca. 30 Min. Fußweg

Spiel und Spaß für alle

79 Das Aatalhaus in Bad Wünnenberg

Pause! Das Aatalhaus im Kurpark von Bad Wünnenberg bildet den kulinarischen Mittelpunkt für die Aktivitäten rings um den Park. Und dieser liegt eingebettet in die wunderschöne grüne Landschaft des Aatals, zwischen dem Paderborner Land und den nördlichen Ausläufern des Sauerlandes. Das Restaurant Aatalhaus befindet sich direkt am Teich. Ungezwungen geht es zu und die Preise sind familienfreundlich. Wenn es ein paar Regentropfen geben sollte, muss der Outdoorfan nicht ins Restaurant flüchten. Im Biergarten stehen Lauben, in denen die Ausflügler auch während eines Sommerregens schmausen können. Die Speisekarte bietet herzhafte Gerichte wie Flammkuchen sowie Kuchen und Eis an.

TIPP

Räder und E-Bikes können im Aatalhaus ausgeliehen werden.

Spaziergänger, die durch den Kurpark geschlendert sind, oder Familien, die sich auf dem Abenteuerspielplatz ausgetobt haben, nutzen gern das Angebot. Von den Sitzplätzen aus hat man den Nachwuchs bestens im Auge. Gleich nebenan auf dem Teich darf geangelt werden oder man lässt sich in einem der Boote entspannt auf dem Wasser treiben und schaut den Enten und Schwänen zu. Ein Kneippweg verlockt zum Barfußlaufen und sinnlichen Erleben. Kinder lieben vor allem das Tiergehege. Denn die Rehe sind zutraulich und dürfen gestreichelt und gefüttert werden. Wer dann gern wieder entspannen möchte, der kann die schöne Aussicht auf einer der bequemen Holzliegen genießen.

Vielfältige Freizeitangebote bieten sich rund um den Kurpark an, wo sich die Landschaft sanft hügelig ausbreitet. Etliche regionale und überregionale Fahrradtouren durchziehen das Gelände, außerdem gibt es einen Downhilltrail. Wanderwege für jeden Anspruch von 6 Kilometern bis zur mehrtägigen Wanderung – alles ist möglich. Wunderschön ist etwa der Bumbams Mühl Weg über rund 6 Kilometer. Der Rundweg führt entlang des Flüsschens Murmecke und an der Aatalsperre vorbei. Landschaftlich ein Hochgenuss und dank der Luft des Heilbades auch sehr gesund. Hier pendelt der Stresspegel gegen Null und gesellt sich zum Glücksgefühl, etwas Gutes für sich getan zu haben.

● Aatalhaus, Am Kurpark 3, 33181 Bad Wünnenberg, Tel. (0 29 53) 9 65 33 93
www.aatalhaus.de
● ÖPNV: ab Bahnhof Paderborn Bus R11, Haltestelle Bad Wünnenberg, Aatal-Klinik, ca. 15 Min. Fußweg

Die Welt in Büchern

80 Kloster Corvey in Höxter

Was wäre Höxter ohne das 1200 Jahre alte Benediktinerkloster Corvey, was wäre das Kloster ohne seine Bibliothek. Ein imposantes Bau- und Kulturdenkmal an einer Weserschleife, ein schon im Mittelalter bedeutendes Wirtschaftsunternehmen, das einzige UNESCO-Weltkulturerbe in Westfalen.

Zugang zu dem einzigartigen Gebäude erhalten die Besucher über das Hauptportal. Im Rahmen einer 90-minütigen Führung können sie sich einen ersten Überblick darüber verschaffen, welche Schätze die zum Teil uralten Gemäuer beherbergen. In ihrer Pracht schier überwältigend wirken der Kaisersaal, der Salon, die Kirche und der Kreuzgang. Unterschiedliche Stilrichtungen begegnen den Staunenden auf der Erkundung des weitläufigen Komplexes. Das wuchtige Westwerk mit Fresken, die Szenen aus der Odyssee zeigen, entstand im 9. Jahrhundert. Die Kirche prangt in barocker Pracht. Im Westflügel, dem Domizil des heutigen Besitzers Herzog von Ratibor, geht es biedermeierlich zu.

Das Glanzstück ist jedoch die fürstliche Bibliothek mit ihren 75.000 Bänden. Ihr berühmtester Bibliothekar: Hoffmann von Fallersleben. Hier erhielt der Dichter des Deutschlandliedes Asyl, nachdem er wegen seiner politischen Einstellung aus Breslau hatte fliehen müssen. Weniger bekannt ist, dass wir ihm auch so eingängige Lieder wie „Summ, Summ, Summ, Bienchen summ herum" oder „Ein Männlein steht im Walde" zu verdanken haben. Ihm zum Gedenken steht eine Bronzebüste neben seinem Grab. In der Bibliothek ist noch sein Schreibtisch zu besichtigen mit einer Flasche Wein und einem Weinglas. Die Quelle seiner Inspirationen?

Von Fallersleben sorgte dafür, dass der Herzog auch wissenschaftliche Bücher erstand. Was heute übers Internet leicht zugänglich ist, liegt hier in Folianten: das damalige Weltwissen. Zwei bayerische Wissenschaftler trugen es im 19. Jahrhundert nach dem Vorbild Alexander von Humboldts zusammen und dokumentierten es in Bildbänden.

TIPP

Dank der Landesgartenschau 2023 ist der Remtergarten, der Gemüse- und Kräutergarten, wieder zugänglich.

● Schloss Corvey, 37671 Höxter, Tel. (0 52 71) 6 81 68, www.nrw-tourismus.de
● ÖPNV: ab Bahnhof Paderborn RB84 bis Höxter Rathaus, Bus HX5, Haltestelle Corvey

Ein großes Dankeschön sagen wir den beiden Männern im Team:
Thomas Kade, der den Glücksort „Lebendige Vergangenheit" zur
Soester Stadtmauer beigesteuert hat, und auch Walter Ertmer,
der die Fotos für die Glücksorte seiner Frau gemacht hat.

Bibliografische Informationen der Deutschen Nationalbibliothek
Die Deutsche Nationalbibliothek verzeichnet diese Publikation in der Deutschen Nationalbibliografie;
detaillierte bibliografische Daten sind im Internet über http://dnb.d-nb.de abrufbar.

© **2023 Droste Verlag GmbH, Düsseldorf**
Konzeption/Satz: Droste Verlag, Düsseldorf
Einbandgestaltung und Illustrationen: Britta Rungwerth, Düsseldorf, unter Verwendung von Bildern von
© Fotolia.com: jd – photodesign.de; © iStock: Plociennik Robert
Fotos: Michael Bahr: S. 153; Dringenberg: S. 157; Frank Eisenberg: S. 63; Café Twin: S. 65; Cornelia Ertmer: S. 17;
Walter Ertmer (Objektivverleih durch Foto Schorcht, Gütersloh): S. 13, 19, 23, 25, 35, 39, 45, 49, 51, 55, 67, 71, 81,
85, 91, 97, 101, 103, 111, 123, 125, 127, 131, 159, 167; Christoph M. Frommen/Aeolus: S. 139; Genusswerkstatt
Mallinckrodthof: S. 57; Hof Mertin: S. 9; Jüdische Gemeinde Unna: S. 33; Thomas Kade: S. 115; Anne-Kathrin Koppetsch:
S. 11, 27, 31, 37, 41, 47, 53, 59, 77, 87, 93, 95, 113, 137, 147, 149, 161; Kulturhaus Alter Schlachthof: S. 129;
Bianca Lorenz: S. 21, 29, 43, 61, 69, 73, 75, 83, 89, 99, 105, 109, 117, 119, 121, 133, 135, 141, 143, 145, 151,
163, 165; Schloß Gehrden: S. 79; Stefanie Pensing: S. 107; Clark Ukidu/www.stock.adobe.com: S. 155; Ralf Urner/
www.stock.adobe.com: S. 15
Textlektorat: Brigitte Lotz, Essen

Druck und Bindung: LUC GmbH, Greven
ISBN 978-3-7700-2386-8

www.droste-verlag.de